会计零基础快速入门

轻松掌握
会计做账
全流程

李旭　闫云婷　编著

化学工业出版社

·北京·

内容简介

本书主要围绕财务会计的工作流程进行梳理和讲解，呈现会计日常工作的流程操作。通过朴实的语言和形象的比喻，将复杂难懂的会计学原理进行通俗易懂的讲解，具体内容包括日常财务会计中凭证的填制和审核、总账和明细账的设置，以及财务报表的意义等。在《企业会计准则》的指引下，书中还对一些常见的业务事项如固定资产管理、无形资产账务处理、销售业务确认收入等进行了展示，可以在一定程度上帮助读者逐步建立会计思维，并对记账形成总览性的认知。

本书适合会计学、财务管理等专业学生及零基础财会人员学习参考。

图书在版编目（CIP）数据

轻松掌握会计做账全流程/李旭，闫云婷编著.

北京：化学工业出版社，2025.8. --（会计零基础快速入门）. -- ISBN 978-7-122-48414-7

Ⅰ. F230

中国国家版本馆 CIP 数据核字第 2025MZ3339 号

责任编辑：张林爽　　　　　　文字编辑：张春娥
责任校对：宋　玮　　　　　　装帧设计：孙　沁

出版发行：化学工业出版社
　　　　　（北京市东城区青年湖南街 13 号　邮政编码 100011）
印　　装：大厂回族自治县聚鑫印刷有限责任公司
710mm×1000mm　1/16　印张 13½　字数 231 千字
2025 年 10 月北京第 1 版第 1 次印刷

购书咨询：010-64518888　　　售后服务：010-64518899
网　　址：http：//www.cip.com.cn
凡购买本书，如有缺损质量问题，本社销售中心负责调换。

定　　价：69.80 元

本书主要介绍了会计做账的原理以及实务操作内容。

对于初学者而言，会计工作往往难以入门，主要原因在于会计理论知识过于复杂和枯燥。会计学作为一门学科，有其严谨的内在逻辑和思维方法，但会计工作同时也是一项实操性极强的工作。尤其是财务会计，更是需要与实际经济业务紧密相连，将各项经济活动用会计语言如实反映到账上。财务会计就像公司的"史官"，记录着公司的每一笔经济事项。

本书力求通过形象化的解读，将复杂的理论转化为轻松易懂的语言和文字，同时通过大量案例和图解的方式呈献给读者。

在学习会计时，建议读者从财务报表入手。作为财务会计的"期末作业"，报表具有全局性和总览性的特点，可帮助读者理解掌握其他会计理论知识和做账的最终目的是编制一份准确无误的财务报表。有了这个直观认知后，再对总账以及会计凭证进行深入学习，逐步加深对会计做账的理解。

由于水平所限，再加上编写时间仓促，书中如有不妥之处，敬请各位读者朋友批评指正。

编　者

目录
CONTENTS

第 1 章
账务工作流程梳理 //1

第 2 章
搞懂做账要先明白财务报表 //33

第3章
财务会计的重头戏——做账 //43

第4章
铁打的营盘 流动的资产 //61

第5章
像结了冰一般的非流动资产 //95

第 1 章
财务工作
流程梳理

▼

　　本章对财务会计工作进行了一个总览性的概括。财务会计工作内容包括填制凭证、汇总编制总账明细账以及编制财务报表。这三项工作相互关联、层层递进、周而复始，即每个月进行月度结转，出具财务报表，接着又开始新一轮的工作——继续制证、登账、编制报表。对这些流程进行系统梳理，才能对会计实务有一个全面认知。

1.1 周而复始的财务会计工作

从事财务工作久了，就会产生一种认知，即每个月填制凭证、登记账簿、做报表，然后再报税，周而复始，每月如此，甚至年年如此。这也是财务工作的日常。

对于交易类型相对简单、规模不大的企业，会计的基础账务处理并不复杂，只要将基本功掌握扎实，后面就是不断地重复练习，直至成为一名熟练的会计。

如果从理论的角度来解释为何会计工作需要"周而复始的循环"，这与会计分期有一定关联。在会计理论中有四大假设，即会计主体、持续经营、会计分期和货币计量。更深层地说，会计分期是人为设定的，而会计的工作流程则如同一个完整的循环，并且时常进行阶段性的总结。

最能说明会计分期的词汇应该是总账中的"期初余额"和"期末余额"。可以按月分期，或按季度分期，抑或按年度分期，"分期"的节点一般是月末、季末或年末。

在会计分期过程中，财务会计的工作职责主要包括六类，即

① 根据原始凭证或原始凭证汇总表填制记账凭证。
② 根据收付记账凭证登记现金日记账和银行存款日记账。
③ 根据记账凭证登记明细分类账。
④ 根据记账凭证汇总，编制科目汇总表。
⑤ 根据科目汇总表登记总账。
⑥ 期末，根据总账和明细分类账编制资产负债表和利润表。

实务中常有人问：出纳算不算会计？

出纳是财务部门不可或缺的岗位。出纳人员不得兼任稽核、会计档案保管及收入、费用、债权债务账目的登记工作。为了确保公司资金安全以及账务准确，出纳和记账会计两者属于不相容岗位，即传统意义上的出纳主要负责"管钱"，而不能同时做账。

虽说会计工作是周而复始，但并非千篇一律。比如购销业务中可能会出现退货情况，那么这种情况如何处理？还比如应收的款项无法收回时，这种情况又该如何做账？

财务人员需要在这看似平淡无奇的工作中解决各种各样的问题，同时增长见识、丰富阅历，经过磨炼，才能成为一名能够轻松处理各类经济业务、经验丰富的"老会计"。

1.2 财务会计六个字：制证·登账·编表

一座大楼的施工从打地基开始，而记账会计的工作则是从填制凭证开始。大楼的地基决定其整体质量和稳定性，凭证填制的完整与准确性则决定了后续总账和报表数据的质量。

上面我们提到的周而复始的 360° 的会计工作主要包括三方面内容，即填制凭证（制证）、登账和编制报表，如图 1-1 所示。

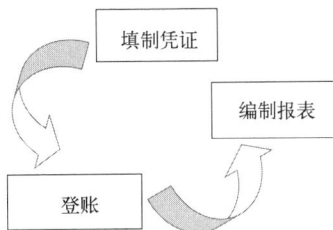

填制凭证

编制报表

登账

图 1-1 财务会计工作流程示意

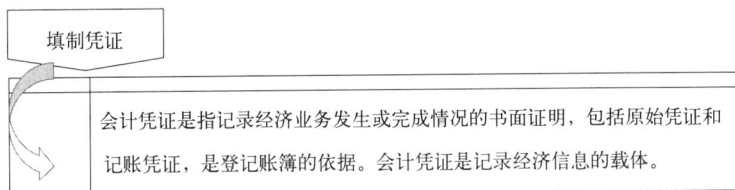

填制凭证

会计凭证是指记录经济业务发生或完成情况的书面证明，包括原始凭证和记账凭证，是登记账簿的依据。会计凭证是记录经济信息的载体。

经济业务是公司正常运转的载体，从某种意义上说，会计是公司运转过程中的记录者。填制凭证就是通过会计语言逐笔记录公司所发生的各类经济事项。那么，会计语言是什么？我国现行的会计语言又在哪里可以查到？

会计语言由财政部颁发的《企业会计准则》等规范统一规定，是会计工作的一套符号体系，为了让中小企业会计核算更简化一些，《企业会计准则》还推出了精简版，即《小企业会计准则》。公司财务人员做账时，需遵守准则的规定。在公司设立之初，税务系统备案的时候就会体现该信息，即公司是执行《企业会计准则》还是《小企业会计准则》。

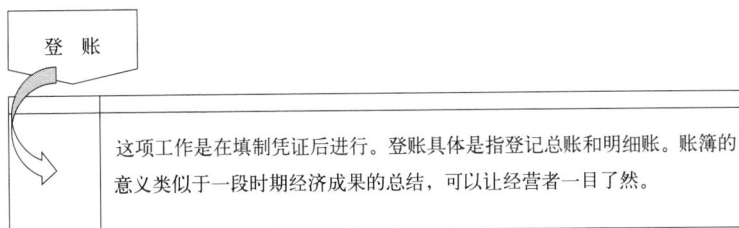

登账

这项工作是在填制凭证后进行。登账具体是指登记总账和明细账。账簿的意义类似于一段时期经济成果的总结，可以让经营者一目了然。

账簿中会列明具体的科目，登记账簿主要是根据本期的会计凭证进行记录。登账的工作好比是归纳总结，将会计凭证中涉及的会计科目逐一归纳。例如，将涉及银行存款的项目归纳到银行日记账中；将应收账款归纳到属于"应收账款"的总账及明细账中。

到了期末编制报表的时候，可以从已登记账簿中查找出所需数据，譬如货币资金情况、应收账款、应付账款及营业收入等。

在过去手工记账的时代，登记账簿是一项耗费巨大精力的"工程"，会计人员需要将填制凭证中对应的会计科目发生额、借贷方向准确且不能疏漏地反馈到账簿中，但凡有一项差错，试算平衡就不可能实现。如今电算化记账已经普及，各类记账软件日趋成熟，因此登记账簿的工作都交由记账软件来完成。但要成为一名合格的财务人员，其背后的原理必须了解清楚。

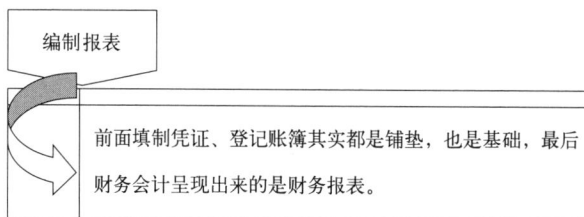

编制报表

前面填制凭证、登记账簿其实都是铺垫，也是基础，最后财务会计呈现出来的是财务报表。

登记账簿是对填制凭证中会计科目的归纳总结，而会计报表则是对账簿的进一步升华和提炼。

一句话经典

譬如说一个池塘，里面养了各类品种、颜色各异的鱼。账簿好比是对这些鱼按照品种进行分类，而会计报表则是针对分类结果按照一定模板进行列示。

会计理论是抽象的，但会计工作是实实在在的。学习会计时常会迷失在理论中而不知下一步该如何进行。填制凭证、登记账簿、编制报表，是对经济业务由简单记录到提炼升华的过程。

报表编制完成，也意味着当期财务工作接近尾声。至少，我们可以向公司交出一份"财务成果"，让报表使用者可以通过财务报表清楚了解目前公司的经营状况、资产结构、资本构成、盈利情况、现金流量等信息。

决策者将根据提供的财务报表对公司的下一步发展作出决策。如果会计基础不过关，必然会导致一些错误出现，进而使得数据失真，由此给公司决策带来隐患。

部门财务主管需要对公司报表数据的真实性和准确性负责。

　　财务报表是一套表加附注，要兼顾不同人群的需求，满足各方需要，形成一个系统，具体构成如图1-2所示。

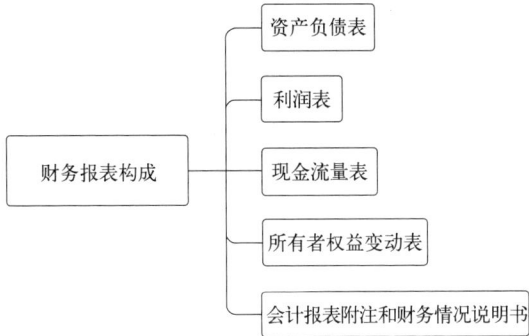

图1-2　财务报表构成图

　　执行《小企业会计准则》的企业，只需编制资产负债表和利润表。而对于上市公司而言，"四表一注"缺一不可，并且要定期向社会公布经过第三方机构审计后的财务报表。

1.3　会计六要素

　　实务中会计经常会提到"记账"。记账可以简单地理解为填制凭证，即我们说的三大事项中的第一个"制证"，其实也是会计类课程中常提到的编写会计分录。

　　那么，记账到底是记录什么呢？

　　会计是一门语言，用该语言将公司每一笔经济业务记录在案。学习会计，其实是学习会计语言。记账，好比是用会计语言表述经营历程。记账会计，就好比公司的"史官"。

　　那么记账到底要记到谁的头上呢？正如前面所说的"银行存款""实收资本""长期应付款"等，这些都是什么？

　　如果把会计记账比作编写小说，那么记账体现出故事情节、会计科目反映了故事人物。记账就是将经济业务数据记在会计科目上（图1-3）。

　　既然会计科目是人物，就要有所区分。所以会计科目也是有分类的。

　　在具体分类之前，需要了解会计要素。会计要素是对会计对象的基本分类，是会计核算对象的具体化，是用于反映会计主体财务状况和经营成果的基本单位。

图 1-3 记账工作类比图

《企业会计准则》将会计要素界定为六个，即资产、负债、所有者权益、收入、费用和利润。

1.4 小明水果摊牵扯出的会计六要素（上）

会计六要素（见图 1-4）是对会计思维的一次全面梳理。做账和出报表都离不开会计六要素。了解六要素的同时，还要结合会计借贷理论，这是会计做账的必要知识储备。好比我们了解种植一样，植物有根、茎、叶，同时每种植物都有其特定的生长条件，比如喜阴或喜阳。会计六要素如同花草的根、茎、叶，后面讲的"借""贷"好比是喜阴或喜阳的属性等。

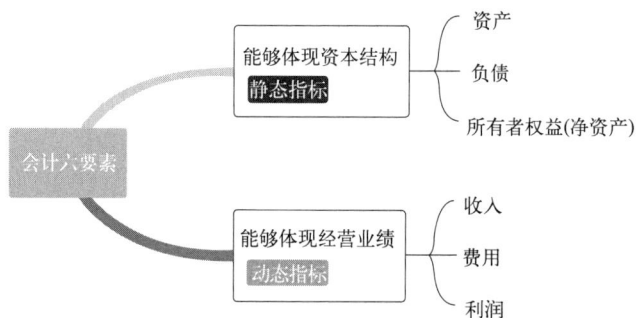

图 1-4 会计六要素

那么，六要素和借贷理论最终要解决什么问题呢？内在有没有逻辑呢？为了方便理解，我们用小明开水果摊举例。

小明经营情况实录

小明总想自主创业，经过考虑，决定开一个水果摊。要做生意必然需要启动资金。经过一番筹集，他的水果摊开业了，而且他还注册了一家"小明商贸公司"。在成立之初，我们围绕小明开公司的情况进行一次摸底：

（1）小明作为水果摊的负责人，开业之初他可支配的钱有多少？

（2）可支配的钱都是小明自己的吗？

（3）小明这些钱里有没有其他人投资给他的？

这三个问题虽然看似俗气，但在会计人眼中"钱"是计量的标准，即会计四大假设中的"货币计量"。

（1）小明有多少钱可以支配？

首先需要明确，小明可支配的资金是小明商贸公司名下的资金，原则上与其个人财产分离，但在出资不实或法人人格否认情形下除外。现实中有的投资人总是混淆个人财产和公司财产，甚至一些员工也认为公司都是老板的，所以公司的财产也都是老板的。这种误区反映了对公司"公"字的误解。

既然叫"公"司，这里面暗含着一种契约精神。公司的参与者不仅包括投资人，还包括雇员，同时也肩负着社会责任，因此受政府部门监管。而会计则是站在公司的角度去记账或者参与管理。

小明有多少钱可以支配，是从小明商贸公司的角度来理解的。如果小明说开水果摊有1万元可用于进货及其他费用支出，那么在会计上这1万元必须是已缴存到公司银行账户，可随时用于经营支出的现金，才构成小明商贸公司可支配的资金。

（2）可支配的钱都是小明自己的，还是借来的？

学过会计，具有会计思维，了解会计六要素的人，不禁要问：小明的1万元钱都是哪来的？是借的还是别人给他让他做生意的？

有了这个疑问，说明我们具备了更进一步的会计思维。对于小明的1万元钱，首先要问其来源。

如果小明这1万元中有4 000元是向陈大爷借来的，并且陈大爷说利息按4%算，一年后连本带息还清。那么我们由此确定，小明虽然有可支配的1万元，但其中4 000元是要偿还的，并且要支付利息。

（3）小明这些钱里有没有其他人投资给他的？

小明的1万元中有4 000元是别人借给他的，每年要付借款人利息。而1 000元是老王大哥投资给他，用于做水果生意。若赚钱了，他要给老王大哥分红；赔钱了则他和老王大哥一起承担风险。老王大哥投资 1 000 元时，两人约定赚钱了按照16% 分红给老王大哥。

但无论是 4 000 元借款，还是 1 000 元投资，再加上小明自己的 5 000 元，小明都可以自由支配。这就是为什么要称为"公"司。

前面说得太口语化，若换成会计语言是这样表述的：

小明的资产为 10 000 元，负债 4 000 元，所有者权益为 6 000 元。其资产负债表如表 1-1 所示。

表 1-1　资产负债表

资产类	期末余额	期初余额	负债和所有者权益		期末余额	期初余额
流动资产	10 000		负债	流动负债	4 000	
非流动资产				非流动负债		
			所有者权益		6 000	
资产总计			负债和所有者权益总计			

老王大哥投资给小明的 1 000 元怎么没有体现？

在所有者权益中，1 000 元是老王大哥的，5 000 元是小明自己的，因此小明水果摊总计 6 000 元是所有者权益，同时也叫净资产。

刚才围绕小明的三个问题，都是现实中很常见的业务。只是没有转换成会计语言。这三个问题实际上对应着六要素中的三个要素：资产、负债、所有者权益。

六要素：1.资产　　企业过去的交易或事项形成的、由企业拥有或控制的、预期会给企业带来经济利益的资源

一个企业从事生产经营活动，必须具备一定的资源。这些资源在经营活动中不断运用，可以从货币形式转化为其他各种形态的具有未来经济效益的经济资源。这些资源表现为货币资金、存货、机器设备、原料等，我们统称之为资产。它们是企业从事生产经营活动的物质基础。除具有物质形态的资产以外，资产还包括那些不具备物质形态但能够给企业提供未来经济利益的专利、商标等无形资产，也包括对其他单位的投资。

这些企业拥有或控制的能以货币计量的经济资源，包括各种财产、债权和其他权利，在会计上称为资产。

所以小明可支配的钱可以理解为小明水果摊的资产。这里假设小明的水果摊没

有存货、固定资产、无形资产等各类其他资产。

六要素：2.负债	指过去的交易、事项形成的，预期会导致经济利益流出企业的现时义务

负债是由于过去的交易或事项形成的现时义务，即导致负债的交易或者事项必须已经发生，如企业因赊购原材料而产生的未支付款项，或企业应付未付的现金股利等。未发生的事项不会形成企业的负债，如企业三个月后可能借入的款项。

负债是现时义务，而不是潜在的义务。负债是企业目前实实在在需要偿还的义务，其金额可以可靠计量，企业需在未来某个时点加以偿还。

小明欠陈大爷的 4 000 元是过去时点找陈大爷借的，同时也是需要偿还的。虽然小明可支配的资产是 10 000 元，但这与他向陈大爷借的 4 000 元钱并不冲突。

六要素：3.所有者权益	指企业资产扣除负债后，由所有者享有的剩余权益，是资产减去负债后的余额，又称为净资产

所有者权益和负债都是企业资金的来源，但二者的不同点很明显，那就是所有者权益不必偿还。如果水果摊亏损，老王大哥的投资可能会全部损失，他没有权利让小明赔偿。当然，风险和收益都是对等的，水果摊如盈利，老王大哥也会按照约定比例获得投资回报。

我们经常听到某上市公司召开股东大会。如果小明成立的商贸公司召开股东大会，小明和老王大哥需要参加，陈大爷作为债权人是没有权利参加的，但是债权人可以了解公司的资金流情况，有权对公司资产进行监督。至于公司的未来发展，债权人则无权参与决策。

这也合乎常理，陈大爷关心的是自己一年后能否收回借款，有权知道小明商贸公司资金情况。而公司的具体运营情况以及重大决策等，陈大爷就没有权利去参与决策，这时需要股东去开会讨论。

相对于负债，所有者权益具有以下特点，如图 1-5 所示。

所有者权益的来源包括所有者投入的资本、直接计入所有者权益的利得和损失（其他综合收益）、留存收益等。具体包括五种：实收资本、资本公积、其他综合收益、盈余公积和未分配利润。其中，盈余公积和未分配利润共同构成了企业的留存收益。

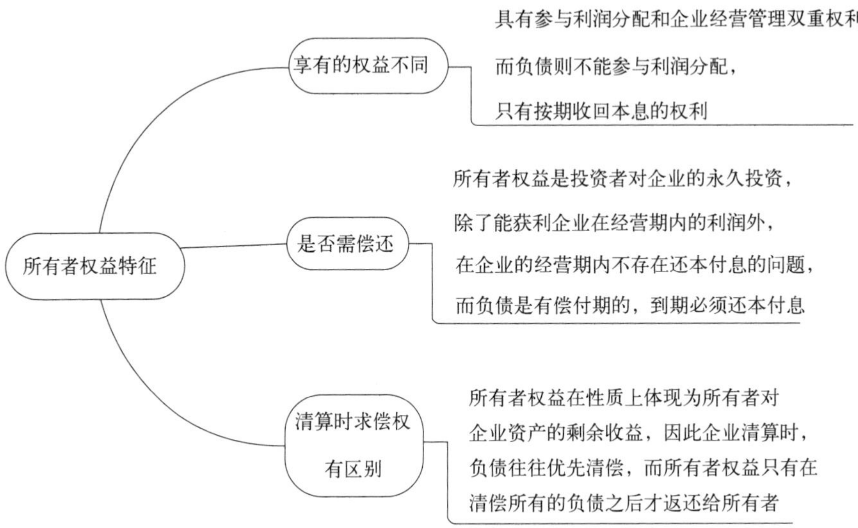

图 1-5　所有者权益特征

需要强调的是，小明和老王大哥都是股东，持股比例既可以按照实际出资比例确定，也可以由出资各方约定。比如一些创业公司可能原注册资本仅为 100 万元，后续投资人投入 200 万元之后，也可能仅仅是占公司股份的 20%。这种情况很容易理解，因为创业公司的项目获得投资人认可，促使其愿意投入更多资金。投资人关注的是预期收益，而不是现有规模。

假如小明和老王大哥是按照出资比例持股，那么小明占其中的 83.3%、老王占16.7%。

小明水果摊一年赚了 100 万元，这与陈大爷无关。小明商贸公司的义务是一年后还本付息：4 000+4 000×4%=4 160 元。

1.5　小明水果摊牵扯出的会计六要素（下）

公司从初创开始，只要处于持续经营状态，情况总在发生变化。财务指标同样也会随着经济业务的变化而变化，正如小明的水果摊。

小明可支配的 1 万元他得去经营。怎么让 1 万元变 2 万元，甚至更多是小明作为摊主的目标。那么，作为财务该如何反映这些情况的变化过程呢？我们需要研究以下三个问题：

（1）小明水果摊卖了多少钱的水果？

（2）小明卖掉的水果是以多少钱进的货？

（3）每个月最后一天作为节点，这个月赚了多少钱？

六要素：4.收入	指企业在日常活动中形成的、会导致所有者权益增加的、与所有者投入资本无关的经济利益的总流入

根据企业日常活动的内容，企业的收入一般分为销售商品、提供劳务和让渡资产使用权的收入。小明水果摊销售西瓜，是属于销售商品的收入（参见图1-6）。

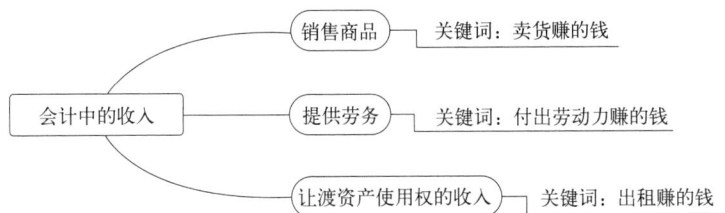

图1-6 会计概念中收入的事项

此外，根据重要性要求，企业的收入可以分为主营业务收入和其他业务收入。一家生产型企业，其主营业务收入通常是销售产成品的收入，而其他业务收入则是企业除主营业务活动以外的其他正常生产经营活动中获得的收入，如出租固定资产、出租包装物、销售材料等产生的收入。在会计科目核算中分为"主营业务收入""其他业务收入"两种。

小明水果摊的主营业务就是销售商品。如果小明在卖水果的同时，帮助别人搬运货物，赚了点钱。那么这部分收入就属于其他业务收入。

要注意的是，会计概念上的收入与实际收到的钱有所区别，比如赊销100万元的货物，但对方次月付款，那会计当期确认的收入仍为100万元，并会将这100万元挂到应收账款上，作为一种债权体现在账上和报表上。

六要素：5.费用	指企业在日常活动中发生的、会导致所有者权益减少的、与向所有者分配利润无关的经济利益的总流出

企业在销售商品、提供劳务等日常活动中所发生的费用，可划分为两类，如图1-7 所示。

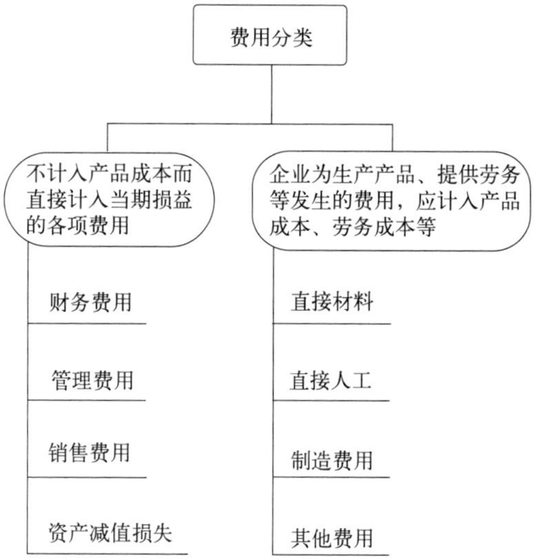

图 1-7 六要素之一费用的细分

小明水果摊的收入为 4 000 元，但他进货的成本是 3 000 元。我们暂且假设小明水果摊没有其他任何费用。

知道收入，也知道了费用，那么利润的计算就很简单了。

六要素：6.利润	企业在一定会计期间的经营成果。利润包括收入减去费用后的净额、直接计入当期利润的利得和损失等

一个月下来，小明的收入减成本后，最终赚了 1 000 元。

利润反映的是收入减去费用、利得减去损失后的净额，因此，利润的确认主要依赖收入和费用以及利得和损失的确认，其金额的确定也主要取决于收入、费用、利得和损失金额的计量。

六要素总结

会计六要素是会计思维中重要的组成部分。企业规模无论是小明这样的水果摊，还是大的企业，都离不开这六个要素。

会计六要素是经济活动的本质体现，理解了经济活动的本质，也就理解了会计六要素。

1.6 会计是一门讲"守恒定律"的学科

物理上有一个能量守恒定律。它的简单表述为：某种能量既不会无缘无故增加，也不会无缘无故减少；能量只会从一种形式转换为另一种形式，能量的总和是保持不变的。在会计思维中，同样讲求"守恒"，这种守恒体现在资产、负债、所有者权益之间的关系中，即会计第一恒等式：

资产 = 负债 + 所有者权益

如果在记账的时候出现上式不等的情况，那么工作中必然出现了错误。

一家公司存在的实体可以表现为资产，比如存在银行的资金、办公用计算机、生产设备、房产等，以及一些看不到的无形资产，或者是应收债权等。而资产的由来可以有两个渠道，一种是借来的，另一种是公司股东自有的，也就是负债和所有者权益（图 1-8）。

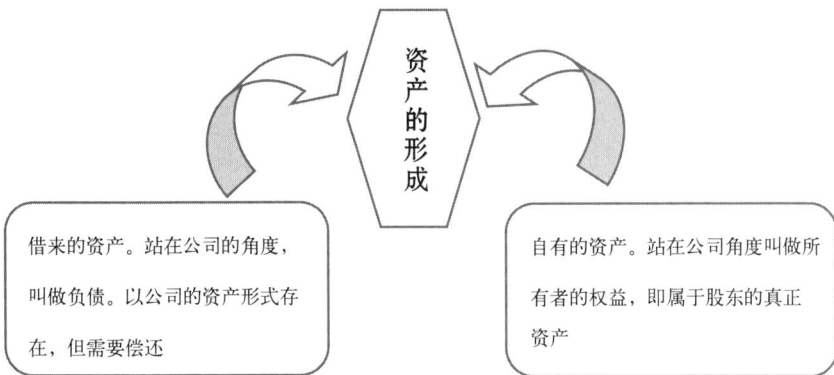

借来的资产。站在公司的角度，叫做负债。以公司的资产形式存在，但需要偿还

自有的资产。站在公司角度叫做所有者的权益，即属于股东的真正资产

图 1-8 六要素中资产的形成

其实公司的资产并非公司真正全部实力的体现。评估一家公司是否值钱，主要是看其所有者权益，也叫作净资产，这才是公司真正的"底子"。正如一个人，有一栋别墅，但是买别墅的房款除了首付之外，90% 都是贷款，这也不能算是资产雄厚。

别墅	未来要偿还的贷款
	首付款项

如果将其一一对应到财务报表中的资产负债表，则是：

资产 （产权属于个人，因此算作该人的资产）	负债（该人未来要偿还的贷款）
	所有者权益 （该人为该房产支付的首付款）

希望大家对上面的例子有清楚的记忆，这对于后期学习编制报表也会有很大的帮助。

我们说，"守恒定律"也可从该表中体现出来。资产不管多少，不管是否是自己投入还是借来的，都可以在资产负债表中有所反映，并且由公司支配和利用。

公司资产正流入，同时也意味着负债或者所有者权益增加。资产的正流入相对容易理解，它就是公司可支配的实际资产增加，负债和所有者权益是对资产增加的一种解释，是溯源。两者与资产是正向变动关系。

一句话经典

会计第一恒等式中，资产是表象，负债和所有者权益是溯源。

资产从哪里来？需要从负债和所有者权益中找寻答案。

接下来提到的是会计人必须牢记的"法则"：有借必有贷、借贷必相等。

为什么这么说？

还是溯源，借如果是因，那么贷就是果；或者是借方是果，贷方就是因。即公司每一笔收入、支出以及损益结转都要有缘由。

在这里需要说明"借""贷"并不是字面上的借钱或是贷款，两者仅仅是两个符号，类似 +、- 号。

例如夏天开空调，室内变凉的同时也消耗了电力。

借：室内的清凉

　　贷：电力的损耗

电需要靠煤或其他能源的消耗而产生，所以电力如果要增加就需要消耗其他资源。

借：电力增加

　　贷：煤的减少

以这种方式记录业务，如果用会计的专业词汇讲，就是借贷记账法。

一借一贷是会计人做账的法则。

既然有借必有贷，那么至少会涉及两个会计科目。会计科目也就是我们提及的会计记账中的"主人公"。

"记谁头上？"当然是记在会计科目的头上（下一节具体介绍会计科目的分类和性质）。

例如一家公司初创时，投资人投入了100万元资金，并将其存入公司对公账户，我们会计需要填一笔记账凭证：

借：银行存款　　　　　　　　　　　　　　　　　　　1 000 000

　　贷：实收资本　　　　　　　　　　　　　　　　　　　1 000 000

银行存款是资产，实收资本是所有者权益。从这个凭证就可以看出公司已有的100万元资金，它是由所有者，或者说是股东投资的。

公司从银行取得借款100万元，到账后，会计做如下账务处理：

借：银行存款　　　　　　　　　　　　　　　　　　　1 000 000

　　贷：长期借款　　　　　　　　　　　　　　　　　　　1 000 000

银行存款属于资产类科目，长期借款属于负债类科目。

"借"表示公司存款增加了100万元。

那么钱从哪里来呢？

"贷"回答：借来的，至少是一年以后偿还的长期借款。

从这两笔凭证中可以看出一种因果关系：公司资金增加了200万元，其中100万元是所有者自己投入的，另外100万元是公司从金融机构借来的资金。这些都可以通过记账凭证反映出来。

$$资产 = 负债 + 所有者权益$$

这个第一恒等式中的三个要素都是某个时点的静态数据。公司持续经营过程中，盈利、亏损都需要动态的数据来反映。会计六要素中的收入、费用、利润就是用来反映经营状况而存在的动态要素指标。

$$收入 - 费用 = 利润$$

这个公式可以反映公司某个阶段的经营情况，这也是财务报表中利润表所要表述的内容。

公司的经营结果体现在利润上，无论利润是正数还是负数，最后都需要由"股东"买单，不可能让债权人承担。所以盈利的话，股东最终受益，一方面公司总资产会提升，另一方面所有者权益会增加。

例如，小明用80万元银行存款购入货物，在销售之前，资产的形态发生了一次变化，即从银行存款变成了存货，但仍然是资产。

当小明将该资产以100万元销售时，那么该货物从账面消失，取而代之的是

100万元银行存款。如果对方不是立即付款，则账上也会用应收债权作为资产反映。那么增值的20万元，在所有者权益中就会显现出来。

每个月月末结账时，会将利润通过会计科目"本年利润"或是在年末通过"未分配利润"等转入所有者权益中。

也就是说，经营成果会再次体现在"所有者权益"上，从而再次达到会计第一恒等式的平衡状态（该内容详见本书第7章所有者权益部分）。

$$资产 = 负债 + 所有者权益$$

负债其实就是债权人的权益。月末结账后，利润无论是正数还是负数，最终都要通过"本年利润"反映到所有者权益中，最后又返回第一恒等式。

这个其实很容易理解，公司的利润都是经营的结果，赚钱或赔钱都和所有者有关，或者说和投资人股东相关，而与债权人则无关。举个例子，假设小明水果摊这个月亏了2 000元，不能因此让陈大爷的债权由4 000元降为2 000元吧！陈大爷是不会接受的，小明和老王大哥必须承担亏损。所以利润最终要在月末或年末转入所有者权益。

这里提一点：在五大常用会计科目中，损益类会计科目期末不能有余额，都要通过"本年利润"去做"了结"，反映到资产负债表中的所有者权益项目中。

1.7　主营业务收入：200个大西瓜？

小明的水果摊卖了多少水果？小明水果摊初期品种相当单一，就是卖西瓜。他这个月卖了200个大西瓜，小明很高兴。可是销售200个大西瓜这并不是一个有效的计量单位。

作为个体户或者公司，在向税务局报收入的时候，不可能用"西瓜"作为计量单位，而是需要使用货币。这也就是会计四大假设中提及的货币计量。

何为货币计量？货币计量就是以货币为单位对有形、无形的资产和负债做数字量化。

会计核算的基本前提是对会计核算所处的时间、空间环境进行合理设定。财务会计要在一定的假设条件下才能进行确认、计量、记录、报告会计信息，所以会计假设是会计核算的基本前提。

《企业会计准则——基本准则》明确了四个会计基础假设：会计分期、货币计量、会计主体和持续经营（图1-9）。

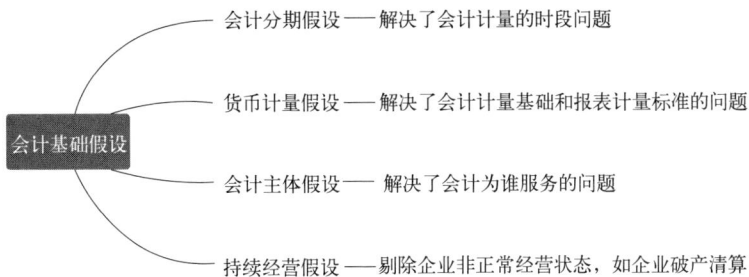

会计分期假设 —— 解决了会计计量的时段问题

货币计量假设 —— 解决了会计计量基础和报表计量标准的问题

会计基础假设

会计主体假设 —— 解决了会计为谁服务的问题

持续经营假设 —— 剔除企业非正常经营状态，如企业破产清算

图 1-9 会计的四个基础假设

我国要求采用人民币作为记账本位币，这是对货币计量这一会计前提的具体化。考虑到一些企业的经营活动更多地涉及外币，因此收支以人民币以外的货币为主的单位，可以选定其中一种货币为记账本位币。当然，提供给境内的财务会计报告使用者的应当折算为人民币。

大西瓜不是会计记账的计量标准。无论是有形资产还是无形资产，都需要以货币形式计量。

我们总提"钱"，这是因为我们要遵循会计的四大假设之货币计量。这是科学的。

货币的重要性不言而喻。一家公司从初创到运转离不开钱，只是钱在不同阶段会转变成不同的形态而已。比如小明的水果摊，小明手里拿着 1 万元去进货然后去销售。钱会变成大西瓜，成为小明水果摊的存货，销售掉存货才能变现，以资金的形式重新回到公司银行账户上。钱—大西瓜—钱，即资金—存货—资金，这个过程会循环往复，而在现实经营中，情况会更复杂一些。比如小明购入一批大西瓜，没等销售完，又购入一批大西瓜。这期间又在不间断地进行销售。西瓜进进出出十分频繁，资金亦是如此。

再比如，有一天小明的生意做大了，决定开一家西瓜汁饮料加工厂，其资金流转的模式如下：

钱—大西瓜—生产加工—西瓜饮料成品—钱

在这一过程中资金还会流入另外一条线，那就是生产加工设备：

钱—加工设备—停止使用后变卖—钱

与之前单纯销售来比较，中间过程复杂了一些。从资金流转形式和变化过程看，也反映了公司类型的变化。

小明水果摊——商贸型公司——商品贸易类会计

小明果汁饮料厂 ——生产型公司——生产企业或成本核算会计

如图 1-10 所示是一个资金流转的示意图。

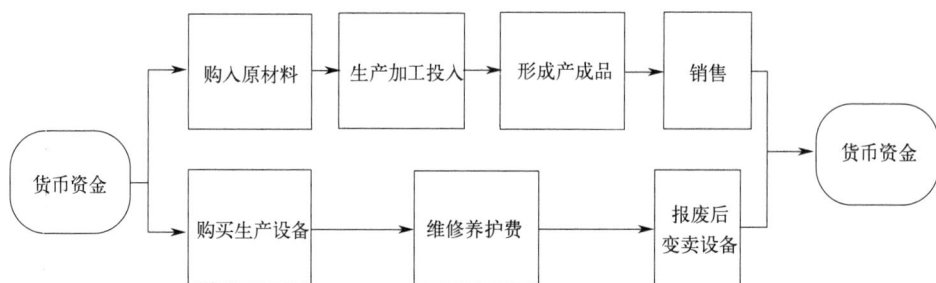

图 1-10 生产企业资金流转示意图

·采购

企业要以货币资金购、建固定资产以及采购原材料等。

·生产

原材料的消耗、固定资产的磨损、生产工人的劳动，最终形成产品。而资金也从生产资金占用形态转为产成品资金占用形态。

·商品

经过生产加工后，资金以商品形式存在。

·销售

将已完工、已生产的产品对外出售，最终变现。

总之就是，货币为始，货币也为终，循环往复。这就是会计采用货币计量的原因，也是经济业务的具体体现。

一句话经典

会计学理论枯燥无味，但其本质都是反映经济形态。

1.8 "记账"到底"记"谁头上？

货币的进出，伴随着货币形态的转换。转换后我们需要对其命名，譬如资金购买了有形资产，购得的资产叫做"固定资产"。如果货币转换为大西瓜，我们就称其为"库存商品"；如果货币借给了别人，我们就命名为"应收账款"或其他债权类。总之要由不同的名称来表达，这个表达需要统一、准确。这也就是接下来要解决的问题：会计们总提"记账"，到底"记"谁头上？

会计科目便应运而生。

一些读者可能会有疑问：会计科目是会计要素吗？会计科目都有哪些类别呢？

首先要明确，会计科目并不是完全等同于会计要素。

会计科目按照经济内容分，也可以分为六类。每一个会计科目都明确反映特定的经济内容，但各个会计科目并非彼此孤立，而是相互联系、相互补充地组成一个完整的会计科目体系。

我们做账，填写凭证以及登记总账、明细账都离不开会计科目。从名字上看，会计六要素与会计科目一致的有：资产、负债、所有者权益。

但会计科目中的共同类、成本类、损益类与会计六要素中的收入、费用、利润是不一致的。

会计科目考虑的是具体账务处理，而会计六要素则是从经济实质出发进行解读。而且在会计科目分类中，最常用的只有五种：资产类、负债类、所有者权益类、成本类、损益类。只有金融行业才有共同类科目。

为了便于填制会计凭证、登记账簿、查阅账目和实行会计电算化，会计科目表统一规定了会计科目的编号。企业在填制会计凭证、登记账簿时，应当填列会计科目的名称，或者同时填列会计科目的名称和编号，不应只填科目编号而不填科目名称。

会计科目分为以下五大类：

① 资产类科目，如现金、银行存款、固定资产等；

② 负债类科目，如短期借款、应付账款等；

③ 所有者权益类科目，如实收资本、资本公积、盈余公积等；

④ 成本类科目，如生产成本、制造费用等；

⑤ 损益类科目，如主营业务收入、主营业务成本、管理费用等。

表1-2列出了主要会计科目的分类。

表1-2　主要会计科目表

一、资产类					
顺序号	编号	会计科目名称	顺序号	编号	会计科目名称
1	1001	库存现金	6	1122	应收账款
2	1002	银行存款	7	1123	预付账款
3	1015	其他货币资金	8	1131	应收股利
4	1101	交易性金融资产	9	1164	合同资产
5	1121	应收票据	10	1231	其他应收款

一、资产类

顺序号	编号	会计科目名称	顺序号	编号	会计科目名称
11	1241	坏账准备	26	1531	长期应收款
12	1401	材料采购	27	1541	未实现融资收益
13	1402	在途物资	28	1601	固定资产
14	1403	原材料	29	1602	累计折旧
15	1406	库存商品	30	1603	固定资产减值准备
16	1407	发出商品	31	1604	在建工程
17	1412	包装物及低值易耗品	32	1605	工程物资
18	1461	存货跌价准备	33	1606	固定资产清理
19	1411	委托加工物资	34	1701	无形资产
20	1521	持有至到期投资	35	1702	累计摊销
21	1522	持有至到期投资减值准备	36	1703	无形资产减值准备
22	1523	可供出售金融资产	37	1711	商誉
23	1524	长期股权投资	38	1811	递延所得税资产
24	1525	长期股权投资减值准备	39	1901	待处理财产损益
25	1526	投资性房地产			

二、负债类

顺序号	编号	会计科目名称	顺序号	编号	会计科目名称
1	2001	短期借款	10	2241	其他应付款
2	2101	交易性金融负债	11	2411	预计负债
3	2201	应付票据	12	2501	递延收益
4	2202	应付账款	13	2601	长期借款
5	2205	合同负债	14	2602	长期债券
6	2211	应付职工薪酬	15	2801	长期应付款
7	2221	应交税费	16	2802	未确认融资费用
8	2231	应付股利	17	2811	专项应付款
9	2232	应付利息	18	2901	递延所得税负债

三、所有者权益类

顺序号	编号	会计科目名称	顺序号	编号	会计科目名称
1	4001	实收资本	4	4103	本年利润
2	4002	资本公积	5	4104	利润分配
3	4101	盈余公积	6	4201	库存股

四、成本类

顺序号	编号	会计科目名称	顺序号	编号	会计科目名称
1	5001	生产成本	4	5301	研发支出
2	5101	制造费用	5	5401	工程施工
3	5201	劳务成本			

		五、损益类			
顺序号	编号	会计科目名称	顺序号	编号	会计科目名称
1	6001	主营业务收入	9	6601	销售费用
2	6051	其他业务收入	10	6602	管理费用
3	6101	公允价值变动损益	11	6603	财务费用
4	6111	投资收益	12	6701	资产减值损失
5	6301	营业外收入	13	6711	营业外支出
6	6401	主营业务成本	14	6801	所得税
7	6402	其他业务支出	15	6901	以前年度损益调整
8	6405	税金及附加			

介绍了会计六要素，又展开了会计科目的分类，最终目的只有一个，那就是会计记账就是要记在这些科目上。

记录这些科目有没有窍门呢？或者是有什么方法吗？

识别会计科目基本上可以从字面意思去理解，同时前面加上三个字：公司的。比如"货币资金"，理解的时候则是"公司的货币资金"。

此外，常会听到总科目和明细科目，或者一级科目、二级科目。这是因为有些会计科目需要有二级科目去进一步明确记账。比如说公司的银行账户，除了一个基本户之外，还可能有其他的一般户，这就需要设置二级科目来核算。

举个例子

小明商贸公司在建设银行开了一个基本户，在工商银行开了一个一般户。公司用一般户支付了物业费 5 000 元。相关会计分录如下：

借：管理费用——物业费　　　　　　　　　　　　　　5 000

　　贷：银行存款——工商银行　　　　　　　　　　　　　　5 000

一句话经典

会计记账需要根据经济业务和资金流转到不同阶段的形态，给其取个好记、准确的名字，就叫会计科目了。

按照详细程度来分类，账目分为总分类科目账和明细分类科目账。两种账的科目有各自的特征，如图 1-11 所示。

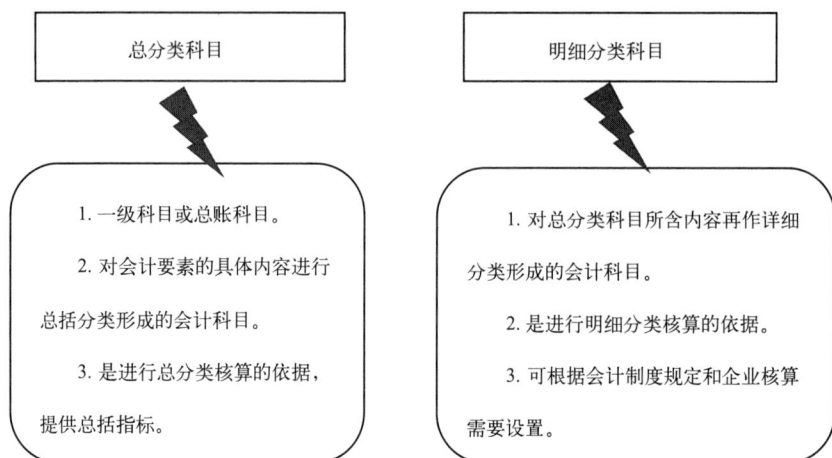

图 1-11 总分类与明细分类科目解释

总分类账中的科目与明细分类账中的科目，两者最大的区别在于，前者是会计准则规定的，企业不能做修改，甚至一个字都不可以变；而明细账是由企业自行制定的。例如"银行存款"，这一总分类科目是固定的，但后面的二级科目名称并不固定。例如：银行存款——建设银行，或者叫"银行存款——中国建行"，都是可以的，只要核算清晰、一目了然即可。

再比如公司有很多应收款项，"应收账款"是总分类账，而根据不同的对象列示明细分类账，这可以让账目更加清晰。如：

应收账款——A 客户

　　　　——B 客户

　　　　——C 客户

或者是应付账款同样需要针对不同供应商进行明细科目的分类。

如果这些问题都无法清晰地反映在账目上，那么记账会计价值又何在呢？

1.9　记账前，先立规矩

一些公司老板常会有疑问，利润表上显示有利润，为什么账上总感觉没有钱呢？出现这种情况的原因很多，但有一点需要清楚，那就是权责发生制与收付实现制的区别。在会计工作中，除了编制现金流量表采用收付实现制外，其他财务做账都采用权责发生制。

那么这两种方式有什么不同呢？

这个问题涉及会计核算的确认方法。从字面上来解读，权责发生制是指将一切要素遵循时间来确认，特别是收入和费用的时间确认，均以权利已经形成或义务（责任）已经发生为标准。权责发生制是我国企业会计确认、计量和报告的基础。

小明经营情况实录

小明水果摊经营过程中会出现一些特殊情况。刘大妈想买西瓜，但忘带钱了，也不会用支付宝或者微信支付。小明信任刘大妈，决定赊销给她5个大西瓜，共计100元，并让她下个月再付款。对于小明来说，这100元算作这个月收入吗？

如果算作收入，小明本月确实没有拿到钱；而如果不算，小明确实把西瓜卖给了刘大妈，并且刘大妈也已经把西瓜拿走了。

经营中会遇到很多问题，比如说赊销的情况，如果用会计思维该如何理解呢？

这时就需要科学严谨地来分析这个问题。小明当月进货，在农贸批发市场购入西瓜，同时当月销售了西瓜。虽然钱要等到下月才可以拿到，但销售已经在本月发生了，大西瓜也已经让刘大妈拿走。因此，本月小明的收入应该包括100元，只是下月才能实际收到。

再比如刘大妈提出，因其最近手头不宽裕，希望等有钱时再支付。小明信任刘大妈，同意了她延期支付的请求，并让她带走了大西瓜。一晃10年后，刘大妈才支付小明100元。那么对于小明而言，卖的5个大西瓜100元似乎更应在本月算作收入，从收支配比的因素考虑，本月计入收入更稳妥。至于刘大妈什么时候给钱，在于小明如何去催账，以及刘大妈什么时候愿意给等因素。100元钱对于小明而言是"应收账款"，对于刘大妈来说则为"应付账款"，两者形成了债权债务的关系，事已至此俨然和销售5个大西瓜确认收入没有太紧密的联系了。

由这100元赊销西瓜款会牵扯出会计记账核算基础问题，即权责发生制与收付实现制。报表有利润，账上没有现金，这不是会计记账的错误，而是经营者要有一定的会计思维（图1-12）。

权责发生制与收付实现制都是会计核算的记账基础，是由于会计分期的前提，产生了本期与非本期的区别，因此在确认收入或费用时，就产生了上述两种不同的记账基础，而采用不同的记账基础会影响各期的利润。

建立在权责发生制基础之上的会计处理可以正确地将收入与费用相配合，正确计算利润。具体来说，凡在当期取得的收入或者应当负担的费用，不论款项是否已经收付，都应当作为当期的收入或费用；凡不属于当期的收入或费用，即使款项已经在当期收到或已经当期支付，都不能作为当期的收入或费用。

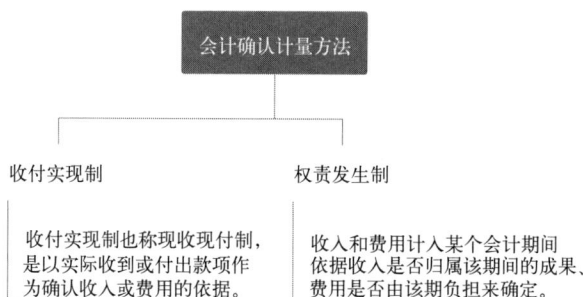

图 1-12　会计确认的计量方法

此外，税务部门通常会采用收付实现制。

在此总结收付实现制与权责发生制的区别有三点，具体如图 1-13 所示。

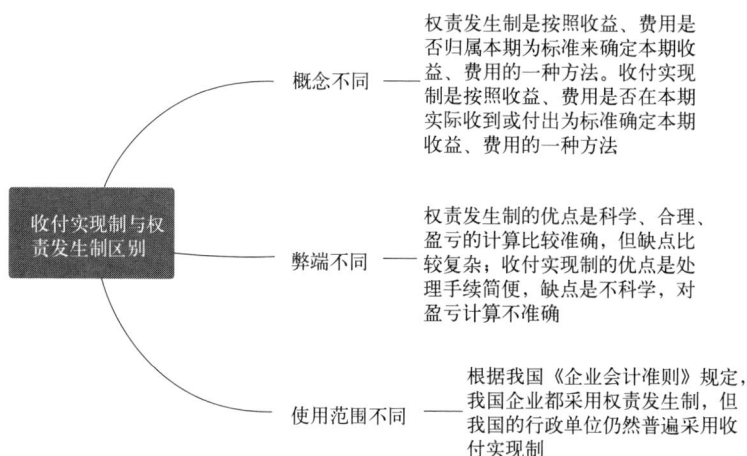

图 1-13　收付实现制与权责发生制的区别

接下来，我们通过一个事例可更直接地理解两者的区别。

假设某公司本月份发生以下经济业务：

① 支付上个月的水电费共计 400 元；

② 收回上月的货款 10 000 元；

③ 本月销售商品实际收到 8 000 元；

④ 本月发生水电费 900 元，但是需要下月支付；

⑤ 实际支付本月度保险费 1 800 元；

⑥ 进了一批库存商品价值 5 000 元，款项下个月支付，该批商品本月全部销售；

⑦ 预收客户货款 3 000 元。

如表 1-3 所示是两种方式下的记账模式，包括具体收入、费用以及本期收益。

表 1-3　两种会计核算方式举例

项　目	收入	费用	本期收益
权责发生制	本月销售商品实际收到 8 000 元	本月发生水电费 900 元	
		实际支付本月度保险费 1 800 元	
		进了一批库存商品价值 5 000 元，款项下个月支付，该批商品本月全部销售	
	收入小计 8 000	费用小计 7 700	300
收付实现制	收回上月的货款 10 000 元	支付上个月的水电费共计 400 元	
	本月销售商品实际收到 8 000 元	实际支付本月度保险费 1 800 元	
	预收客户货款 3 000 元		
	收入小计 21 000	费用小计 2 200	18 800

上述案例中，如果采用收付实现制，本月利润是 18 800 元，如果是权责发生制仅为 300 元。如果采用收付实现制，往往可能导致盲目乐观，本月实际看到资金流入，但在下个月很可能会出现金紧张的情况。而如果采用权责发生制，则本月的利润更加客观，而不是盲目看资金的多少，其更具有持续性，数据也更科学。在此基础上，财务进行做账时需填制报表，同时编制资产负债表和利润表。

与此同时，为了弥补权责发生制忽略资金流的弊端，现金流量表采用收付实现制编制作为有益的补充。

1.10　西瓜成本算多少钱？

会计学讲究准确、客观、严谨。接下来，我们来看一个真实案例：某过气的服装品牌，20 年前风靡全国，但如今品牌价值急剧下滑。库存积压严重，甚至 5 年前生产的服装仍积存仓库没有销售。按照当时的成本核算，并进行账务处理，该批服装，或者说"库存商品"（会计科目）账面价值为 3 500 万元，但如果将其出售，最多只能变现 300 万元。

对此情况，作为会计自然不能视而不见，准确、客观地反映当前资产情况是会计的责任。按照会计准则的要求，必须将存货由最初历史载入的账面价值 3 500 万元调整至目前变现的价值 300 万元。

真实的数据对管理层至关重要，债权人和股东同样需要可靠的信息。失真的数据毫无意义，对于管理者决策以及公司持续经营偿还债务都存在很大隐患。

通过上面举例，会计计量属性不可能是一种。通常情况下会计用历史成本来计量，即当时形成产成品时而发生的成本合计。譬如一件服装的成本包括人工、面料，还会摊入设备折旧以及车间水电费等辅助成本。但随着时间推移，或者由于市场变化，该款服装款式和品牌价值可能会贬值，如果仍坚持历史成本不变，会计数据将失去其意义。

其他非历史成本法主要有四种，即现值、重置成本、可变现净值、公允价值这四类（见图1-14）。

图1-14　会计计量属性

（1）历史成本

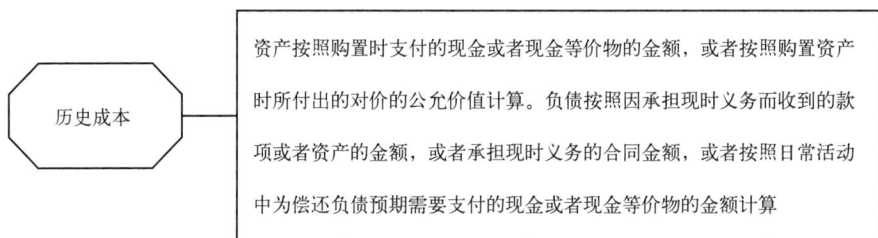

资产按照购置时支付的现金或者现金等价物的金额，或者按照购置资产时所付出的对价的公允价值计算。负债按照因承担现时义务而收到的款项或者资产的金额，或者承担现时义务的合同金额，或者按照日常活动中为偿还负债预期需要支付的现金或者现金等价物的金额计算

小明从农贸批发公司购入 10 个大西瓜，花费了 200 元。

借：库存商品　　　　　　　　　　　　　　　　　　　　　 200

　　贷：银行存款　　　　　　　　　　　　　　　　　　　　 200

点评：历史成本是最为常用的一种计量方式。对于业务相对简单的公司，或者情况不复杂的企业，可能在经营几年内也不会遇到使用其他计量属性的情况。

（2）重置成本

重置成本 — 资产按照现在购买相同或者相似的资产所需支付的现金或者现金等价物的金额计算。负债按照偿付该项负债所需支付的现金或者现金等价物的金额计算

> 重置成本是一种现行成本，它和原始成本在资产取得当时是一致的。之后，由于物价的变动，同一资产或其等价物就可能需要用较多的或较少的交换价格才能获得。因此，重置成本表示当时取得同一资产或其等价物需要的交换价格。这种交换价格应该是企业从资产或劳务市场获得的成本价格，而不是正常经营过程中资产或劳务的销售价格。重置成本多用于固定资产、存货等资产的盘盈！也就是账上没有记载，但在盘点的时候多出的资产。

比如小明月底盘库，发现库存多了 50 斤（注：1 斤 =0.5 千克）西瓜，但从账上找不到进货记录。根据会计准则，这个时候小明需要采用重置成本法。依据当时取得该资产账上已有价值作为参考，来确定多出 50 斤西瓜的价值。

点评：尽管业务可能显得混乱，但会计做账必须严谨。实务中经常会出现各种各样的业务，但会计需要通过自己的职业判断，准确反映到账上。

盘盈这种情况并不常见，而且通常属于非正常现象。

（3）可变现净值

小明在 2021 年 11 月购入一批西瓜，准备在次年春节期间销售，成本 4 000 元。由于储存问题，2021 年 12 月 31 日发现部分西瓜腐烂。该批西瓜如果整批出售，价格仅为 2 500 元，同时出售该批西瓜发生税费和其他费用共计 200 元。

在年度终了盘库的时候，面对此问题，会计绝对不能视而不见。在 12 月 31 日这个时点，虽然西瓜没有实际销售，但面对部分烂掉的西瓜，会计需要在账上将该事实体现出来。以便小明了解，储备的这批西瓜在春节期间上市很可能无法收回成本。同时也反映出库管工作出现失误。

此时需要采用可变现净值，以在年度终了的时点重新对西瓜进行评估。

该批西瓜的可变现净值为：

可变现净值 = 估计售价—至完工时估计将要发生的成本—估计的销售费用—相关税费 =2 500–200=2 300 元

成本 =4 000 元

期末存货采用成本与可变现净值低者计量。比较之后，存货可变现净值更低，因此该批西瓜账面价值应为 2 300 元。具体如何做账，后面会进行介绍。

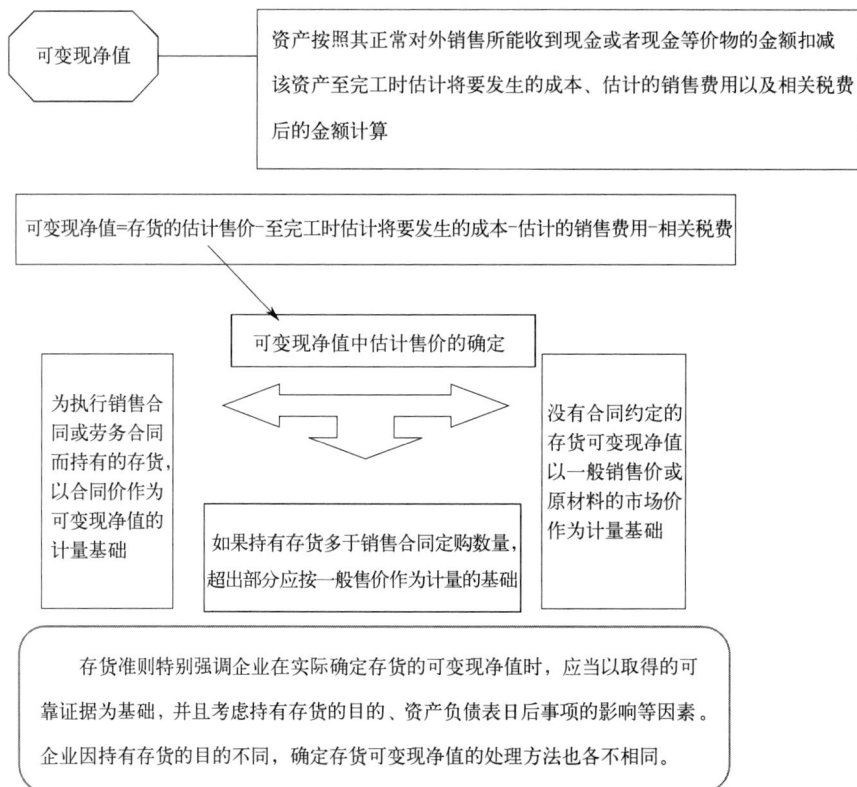

可变现净值	资产按照其正常对外销售所能收到现金或者现金等价物的金额扣减该资产至完工时估计将要发生的成本、估计的销售费用以及相关税费后的金额计算

可变现净值=存货的估计售价-至完工时估计将要发生的成本-估计的销售费用-相关税费

可变现净值中估计售价的确定

为执行销售合同或劳务合同而持有的存货，以合同价作为可变现净值的计量基础	如果持有存货多于销售合同定购数量，超出部分应按一般售价作为计量的基础	没有合同约定的存货可变现净值以一般销售价或原材料的市场价作为计量基础

存货准则特别强调企业在实际确定存货的可变现净值时，应当以取得的可靠证据为基础，并且考虑持有存货的目的、资产负债表日后事项的影响等因素。企业因持有存货的目的不同，确定存货可变现净值的处理方法也各不相同。

（4）现值

现值	现值是如今和将来或过去的一笔支付或支付流在当今的价值。或理解为成本或收益的价值以今天的现金来计量时，称为现值。

在现值计量下，资产按照预计从其持续使用和最终处置中所产生的未来净现金流入量的折现金额计量；负债按照预计期限内需要偿还的未来净现金流出量的折现金额计量 。

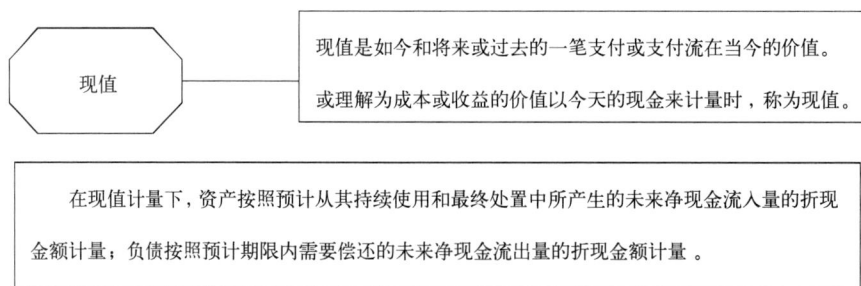

小明的生意做大了，他购买了一条果汁生产线。这条生产线总投入 1 000 万元。但是小明一次性拿不出这么多钱，于是和出售这条生产线的厂家约定，采用分期付款的方式支出，每年支付 200 万元，5 年付清。

此时该生产线应如何入账呢？

如果不具有会计思维，可能会简单地认为该生产线就是1 000万元，但这不科学。今年的200万元和明年的200万元等值吗？200万元买国债的话，一年后会有稳定的利息回报。所以资金的时间价值不可忽视。那么该生产线如何入账，则需要采用现值了。将每年支付的200万元进行折现，通常按照国债利率作为折现率。

（5）公允价值

公允价值

资产和负债按照在公平交易中，熟悉情况的交易双方自愿进行资产交换或者债务清偿的金额计算。

公允价值的确定，有的时候需要依靠会计人员的职业判断。在实务中，通常由资产评估机构对被并企业的净资产进行评估。

小明准备用公司账户在二级市场购买股票。购入股票时，每股20元，共购买了1 000股。次月月底，该股票并没有出售，但每股价格上涨至22元。为了准确反映该股票价值，需要按照市值计算：每股22元，1 000股，合计22 000元。这个就是公允价值计量。

点评：公允价值法确实科学，但如果掺杂过多主观因素，则其可靠性会降低。

其实会计计量是为了将符合确认条件的会计要素登记入账，并列报于财务报表而确定其金额的过程。在各种会计要素计量属性中，历史成本通常反映的是资产或者负债过去的价值，而重置成本、可变现净值、现值以及公允价值通常反映的是资产或者负债的现时成本或者现时价值，是与历史成本相对应的计量属性。

这种关系也并不是绝对的。比如，资产或者负债的历史成本有时就是根据交易时有关资产或者负债的公允价值确定的。在非货币性资产交换中，如果交换具有商业实质，且换入、换出资产的公允价值能够可靠计量，则换入资产入账成本的确定应当以换出资产的公允价值为基础，除非有确凿证据表明换入资产的公允价值更加可靠。在非同一控制下的企业合并交易中，合并成本也是以购买方在购买日为取得对被购买方的控制权而付出的资产、发生或承担的负债等的公允价值确定的。

每种计量方式的选择应根据当时外部条件和情况而定，遵循会计准则的要求。作为会计不能随意选择，关键时刻需要有职业判断能力。当然，前提是对会计语言使用准则，即会计准则的理解与灵活运用。

1.11 从岗位设置梳理会计工作的细枝末节

虽然看似简单，但实际上财务工作纷繁复杂，公司财务部或者财务中心也会根据工作内容进行细分，如图 1-15 所示。

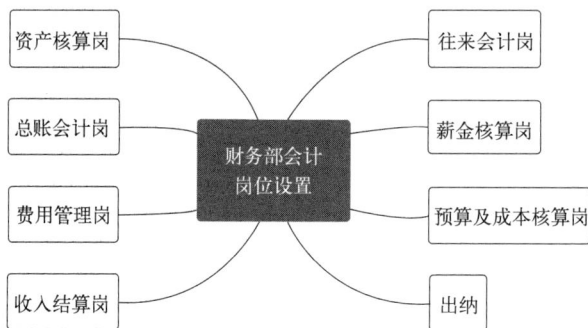

图 1-15 财务部门岗位设置

这些岗位设置是以财务纷繁复杂的工作事项为基础进行的划分，大体也可以看出不同岗位会计需要承担的工作内容。每个公司的岗位设置可能也会略有不同，依公司的规模而定。大集团公司财务岗位划分得会更细，而小公司财务岗位则全流程操作，除了出纳工作。

下面仅对成本核算、往来会计、总账会计、资产核算四个岗位的岗位职责进行列示，以便大家了解财务会计的日常工作内容。

（1）成本核算岗

① 审核公司各项成本的支出，进行成本核算、费用管理、成本分析，并定期编制成本分析报表。

② 每月末进行费用分配，及时与生产、销售部门核对在产品、产成品并编制差异原因上报。

③ 进行有关成本管理工作，主要做好成本的核算和控制，负责成本的汇总、决算工作。

④ 协助各部门进行成本经济核算，并分解下达成本、费用、计划指标，收集有关信息和数据，进行有关盈亏预测工作。

⑤ 评估成本方案，及时改进成本核算方法。

⑥ 保管好成本、计算资料，并按月装订、定期归档。

⑦ 完成上级委派的其他任务。

（2）往来会计岗

① 会同有关部门制定应付及预付款项的核算和管理办法。

② 办理应付及预付款项的结算。

③ 负责应付及预付款项的核算工作。

④ 定期进行应付及预付款项的对账。

⑤ 分析应付款项的账龄及偿还情况。

⑥ 会同有关部门制定应收及预收款项的核算和管理办法。

⑦ 办理应收及预收款项的结算。

⑧ 负责应收及预收款项的核算工作。

⑨ 定期进行应收及预收款项的对账。

⑩ 析应收款项的账龄及偿还情况。

（3）总账会计岗

① 月底负责结转各项期间费用及损益类凭证，并据以登账。

② 审核记账凭证，编制科目汇总表，登记总账。

③ 对总账与各类明细账进行结账，并进行总账与明细账的对账，保证账账相符。

④ 编制各种会计报表，编写会计报表附注。

⑤ 为企业预算编制及管理提供财务数据，为统计人员提供相关财务数据。

⑥ 为会计事务所审计工作提供各明细账情况表及相关审计资料。

⑦ 完成上级交付的临时工作及其他任务。

（4）资产核算岗

① 掌握资产管理制度和核算办法，负责对有关财产使用部门进行财产管理和核算。

② 参与固定资产的清查盘点和物料的月末或季末盘点工作。在财产清查中盘盈、盘亏的物料，要分情况进行不同的处理。

③ 分析财产和物料的使用效果，提高固定资产的利用率。

④ 每月计提固定资产折旧，月末结出资产净值余额，编制固定资产折旧汇总表，做到账表相符、账账相符。

⑤ 正确划分固定资产和低值易耗品的界限，编制固定资产目录，对固定资产进行分类核算。

⑥ 年底进行资产清查盘点，对报废处理和出售不使用的资产，按会计规定办

理手续，编制会计凭证，登记账户。

⑦ 对物品的领用，做到事先有控制、事后有监督，月底对领用物品的消耗情况进行分析。

⑧ 完成上级交办的其他工作。

答会计问（职场篇）

问：会计岗位细分会很多，大集团公司财务部或者财务中心的人员可能有几十个岗位，而对于小公司而言，可能一个会计就足矣。那么对于会计新人而言，初入职场是去大公司好还是小公司好呢？

答：具体分析如下。

去小公司的好处：

小公司接触的业务全面，做账、出报表、报税、资产管理、结算、催账等都可能接触。

去小公司的弊端：

① 小公司管理相比大集团公司而言容易出现不规范的情况；

② 在自身职业发展方面，小公司不如大集团公司有发展机会。

去大公司的好处：

① 开拓视野，职业起点高；

② 大集团公司的管理相对规范。

去大公司的弊端：

如果轮岗，则会得到锻炼；但如果没有轮岗，则接触较为单一，对职业发展有限制。

第2章

搞懂做账要先明白财务报表

▼

上一章对会计工作进行了总体梳理，并介绍了一些会计记账理论知识。这些是做会计工作必备的知识储备。从本章开始，我们将采用"倒序"的手法，先从财务报表讲起，使读者对报表有一个直观的认知。作为期末"作业"的报表编制工作，是会计工作的核心内容。前期的制证、登账都是为出具一份数据准确、真实有效的报表做铺垫，然后提供给报表使用者。

2.1 先认识两张表

有了一定的理论基础后，我们需要正式接触账务。

作为财务新人，做账可能让人感到困惑。即使系统学习了理论知识，但真正接手一家公司的财务工作且独当一面，仍然会有很大难度，毕竟理论和实操还是存在一定差别的。

从原始票据整理、开具、复核，到填制凭证，然后进行账簿登记，再到编制报表，财务工作才算告一段落。并且后续还要进行纳税申报，如图 2-1 所示。

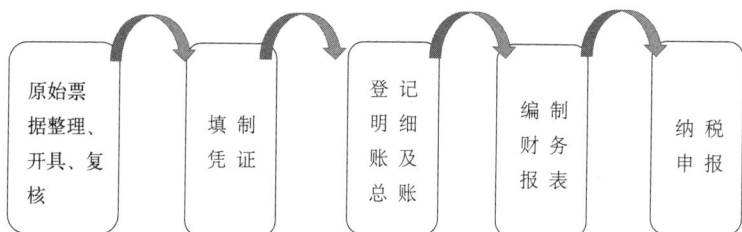

图 2-1 财务会计工作分解

多数会计新人都会疑惑，做账到底是什么？单纯的书面讲解可能不够直观。接触实务，不妨换个角度，从财务会计工作的最后环节入手，来理解整个做账流程。

最后环节是什么？是出报表（此处忽略税务会计纳税申报工作）。

也就是说，出纳、成本核算、收入结算、资产核算等一系列工作完成后，最后都是要编制出一份信息准确、数据完整的财务报表，这也是会计人员呈献的一份工作成果。

很多人学习会计不能很快入门，主要是因为会计这门学科的理论知识略显抽象。如果从财务报表入手，会更加直观一些。因为财务报表经常被大家提及和使用，包括上市公司会定期对外公布财务报表。

财务报表能够从动态和静态两方面展现公司这一期间的经营状况。公司资产达到了多少，负债是否增加，利润状况如何等，这些问题都可以从报表中略知一二。

对于财务新人，至少在脑海中要建立两张报表：资产负债表和利润表（图 2-2）。

> 财务报表可以向使用者提供与企业财务状况、经营成果和现金流量等有关的会计信息，反映企业管理层受托责任履行情况，有助于财务会计报告使用者做出经济决策。

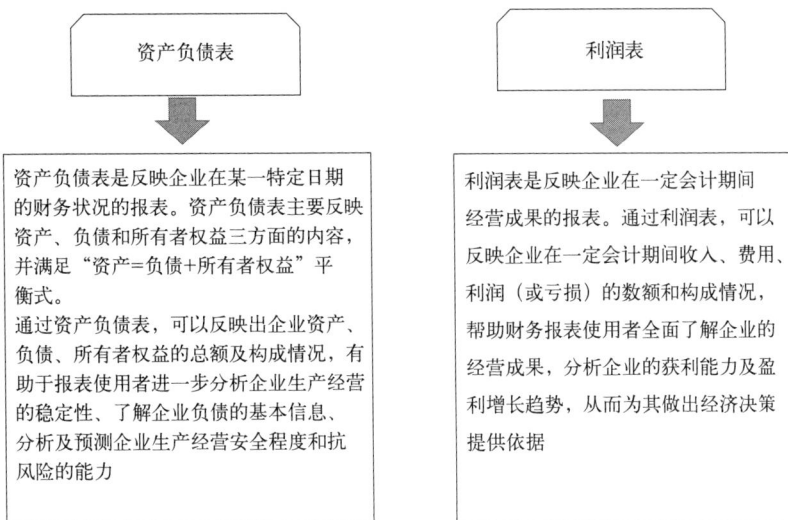

资产负债表	利润表
资产负债表是反映企业在某一特定日期的财务状况的报表。资产负债表主要反映资产、负债和所有者权益三方面的内容，并满足"资产=负债+所有者权益"平衡式。 通过资产负债表，可以反映出企业资产、负债、所有者权益的总额及构成情况，有助于报表使用者进一步分析企业生产经营的稳定性、了解企业负债的基本信息、分析及预测企业生产经营安全程度和抗风险的能力	利润表是反映企业在一定会计期间经营成果的报表。通过利润表，可以反映企业在一定会计期间收入、费用、利润（或亏损）的数额和构成情况，帮助财务报表使用者全面了解企业的经营成果，分析企业的获利能力及盈利增长趋势，从而为其做出经济决策提供依据

图 2-2　财务报表解读

　　财务报表如同会计提交的作业，会有多方去审视这份报表。投资人或者潜在投资人，需要对公司有充分了解，才能决定是否将资金或其他资产投入公司。债权人则需要了解公司资金流状况，以保证出借资金的安全回收。作为公司经营者以及高级管理人员，都需要通过报表对公司经营状况等进行分析，制定公司经营策略。

　　此外，公司经营还需要接受税务、工商等部门的监管，因此政府相关部门有监管的职责，也需要查看公司财务报表（图 2-3）。

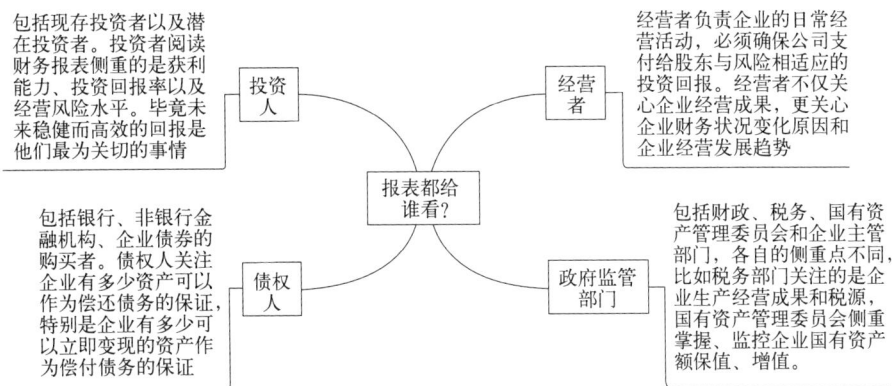

图 2-3　财务报表的使用者

　　表 2-1 是针对实施新金融准则以及新收入准则后的资产负债表格式模板。

表 2-1　资产负债表

编制单位：　　　　　　　　　　　　　年　月　日　　　　　　　　　　　　　

资产	期末余额	年初余额	负债和所有者权益（或股东权益）	期末余额	年初余额
流动资产：			**流动负债：**		
货币资金			短期借款		
交易性金融资产			交易性金融负债		
衍生金融资产			衍生金融负债		
应收票据及应收账款			应付票据及应付账款		
预付款项			预收款项		
其他应收款			合同负债		
存货			应付职工薪酬		
合同资产			应交税费		
持有待售资产			其他应付款		
一年内到期的非流动资产			持有待售负债		
其他流动资产			一年内到期的非流动负债		
流动资产合计			其他流动负债		
非流动资产：			**流动负债合计**		
债权投资			**非流动负债：**		
其他债权投资			长期借款		
长期应收款			应付债券		
长期股权投资			其中：优先股		
其他权益工具投资			永续债		
其他非流动金融资产			长期应付款		
投资性房地产			预计负债		
固定资产			递延收益		
在建工程			递延所得税负债		
生产性生物资产			其他非流动负债		
油气资产			**非流动负债合计**		
无形资产			**负债合计**		
开发支出			**所有者权益（或股东权益）：**		
商誉			实收资本（或股本）		
长期待摊费用			其他权益工具		
递延所得税资产			其中：优先股		
其他非流动资产			永续债		
非流动资产合计			资本公积		
			减：库存股		
			其他综合收益		

资产	期末余额	年初余额	负债和所有者权益 （或股东权益）	期末余额	年初余额
			盈余公积		
			未分配利润		
			所有者权益 （或股东权益）合计		
资产总计			负债和所有者权益 （或股东权益）合计		

报表内容较为庞大，但我们可以对其进行简化。列示项目虽多，资产类的无非就是两种：流动资产和非流动资产；负债同样也是流动负债和非流动负债。简版的利润表格式如表2-2所示。

表2-2　利润表

项目	本期金额	上期金额
一、营业收入		
减：营业成本		
税金及附加		
销售费用		
管理费用		
研发费用		
财务费用		
其中：利息费用		
利息收入		
资产减值损失		
加：其他收益		
投资收益（损失以"–"号填列）		
公允价值变动收益（损失以"–"号填列）		
资产处置收益（损失以"–"号填列）		
二、营业利润（亏损以"–"号填列）		
加：营业外收入		
减：营业外支出		
三、利润总额（亏损总额以"–"号填列）		
减：所得税费用		
四、净利润（净亏损以"–"号填列）		

财务报表中的列示项目很多都和会计科目名称一致。填制凭证的"主人公"是会计科目，登记账簿的主要内容也是会计科目，财务报表实际上是围绕会计科目进行的提炼与总结。

会计科目和会计报表列示的项目有什么联系？可以简单理解为，会计科目是一部没有剪辑过的"连续剧"，会计报表是经过精心剪辑后的"精编版"。

报表中列示的项目基本可以从会计科目中找到。报表列示项目和会计科目存在着对应的关系，有的是一一对应，如交易性金融资产；也有的是一对多，例如流动资产中的"货币资金"，对应的是总账中的"库存现金""银行存款""其他货币资金"三个会计科目。

如果反过来理解做账过程，从财务报表、总账到填制凭证，对于零基础的财务人员而言，可以通过逐步追溯报表找到源头。

那么为什么报表要这么简练呢？这是因为财务报表是给多方使用，它需要科学、全面地反映公司的数据，同时也要方便使用者根据需求进行有选择的简化。

例如：老板想知道固定资产目前到底有多少价值，这么专业的问题自然是由财务人员来处理。再举一例，即报表中非流动资产的"固定资产"一栏，如何填列？

财务报表中资产负债表的"固定资产"期末数据＝总账中"固定资产"期末借方余额－总账中"累计折旧"贷方余额－总账中"固定资产减值准备"贷方余额

报表中的"固定资产"并不是总账中"固定资产"期末借方余额，而是要减去备抵科目累计折旧贷方余额以及固定资产减值准备贷方余额后进行填写。

例如，小明购买了一辆价值10万元的汽车，使用2年后由于一场大雨导致城市积水使发动机进水，汽车毁损严重。大修后汽车使用寿命也会减少，当年该车被会计计提了减值准备7万元、已提折旧1万元。

小明期末拿到资产负债表，发现固定资产只有2万元，不禁疑惑：前年花10万元买的汽车，报表上怎么没有体现出来？会计做账是不是有疏漏？

实际上，报表是对数据的精简提炼总结。这辆车反映到报表上就是2万元，但是通过"固定资产""累计折旧""固定资产减值准备"三个科目去分析，也就能清楚地解释前年10万元买的汽车，两年后报表列示"固定资产"为何只有2万元了。

一句话经典

财务报表之所以会从总账提炼数据，这是因为财务报表需要展示的是结果，而不是过程。

结合之前的两个例子，至少资产负债表列示栏中如下两项是这样填写：

（1）资产负债表中流动资产中的"货币资金"（报表左上流动资产第一项）的取数就关乎总账中"银行存款""货币资金""其他货币资金"三个会计科目的期末借方数额。

（2）资产负债表中非流动资产中的"固定资产"（报表左下非流动资产）的取数关乎总账中"固定资产"借方数额、"累计折旧"贷方数额、"固定资产减值准备"贷方数额这三个会计科目的数据。

后续会详细介绍与固定资产相关的业务。

2.2　凭证在这头，报表在那头

上一节我们对财务报表有了一些了解，接下来继续追溯财务报表的数据是从哪里取得？

回答是来自账簿。

账簿这个概念很容易理解，日常生活中也会遇到，比如信用卡账单。一个月过去，银行发来"催账单"。想必每个人第一感觉都是：我没怎么花钱，怎么这么多？

再点"查看账单明细"。每笔消费的时间、金额以及汇总数都会清清楚楚展现出来。

会计中的账簿其实和信用卡账单一样，也可以看明细、余额、期初数、期末数以及本期累计等信息。之所以要登记账簿，姑且将其认为是对会计凭证中涉及的"主人公"，即会计科目的誊抄（图 2-4）。

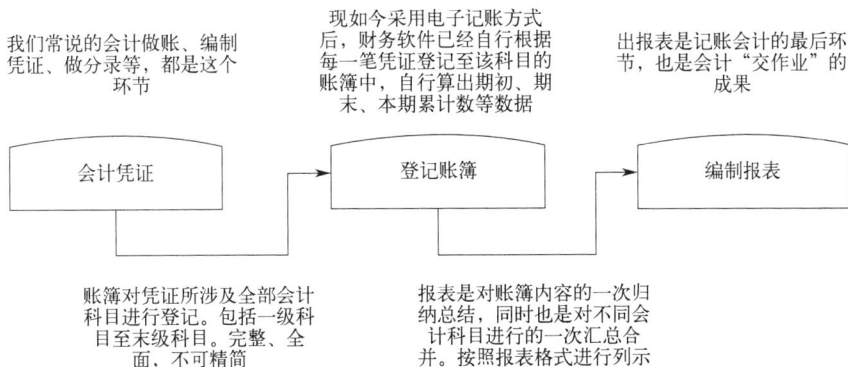

图 2-4　财务会计记账流程图

账簿的存在就像是架在凭证、报表之间的一座桥梁，它可以将顺每个会计科目的序时情况，让数据各归各位。

账簿中有针对银行存款、库存现金的日记账，也有针对其他会计科目的总账、明细账，同时还有应对特殊情况所使用的备查账。

账簿具体的分类如图 2-5 所示。

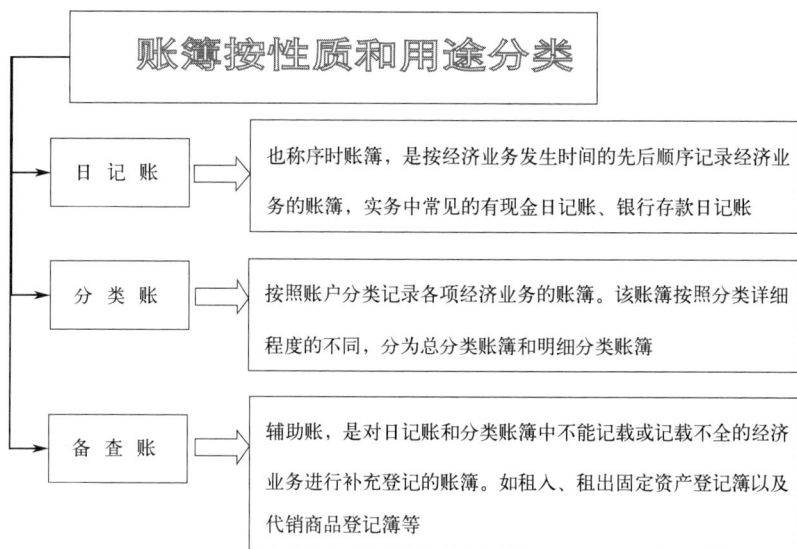

图 2-5 账簿按性质和用途的分类

在这里需要说明一下，日记账通常是现金日记账和银行存款日记账。其实际上是按照时间发生的顺序记录的一种流水账，因此也叫作序时账。

序时账的最大特点是开头的部分必须注明具体的年、月，即随着资金发生的收支时点，登记资金流转情况。

对于记账会计而言，接触最多的是分类账。具体分类账还可以细分为总分类账和明细分类账，如图 2-6 所示。

一句话概括为：明细账是总账的延伸和细化，总账是明细账的概括和总结。账簿类似于为每个会计科目建立"户口本"。譬如银行存款这个科目，如果公司除了基本户外还有其他一般户，那么银行存款这个"户口本"里还要根据实际开立的银行账户情况，分别设置：

银行存款——建行基本户

    ——工行一般户

——农行一般户

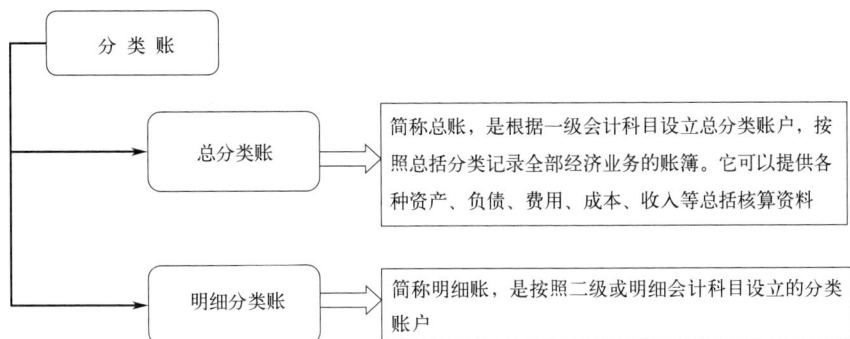

图2-6　分类账的细分

如果没有账簿这座桥梁，填制凭证就无法过渡到报表，而且报表中的数字也是从账簿上取得的。如果是采用财务软件记账，则总账和明细账会自动同时录入。因此实务中财务工作者在登载账簿的工作中不需要耗费太多时间。

但是这道工序我们必须要清楚，因为它是会计流程中不可或缺的一部分。

会计理论中，将填制凭证和登记账簿叫做平行记账。也就是说，经济业务发生后，根据会计凭证一方面要登记有关的总分类账户，另一方面还要登记该总分类账所属的各有关明细分类账户。

一句话经典

借贷记账法要求一笔经济业务中借贷方总额必须相等。

在手工记账时代，这些账簿具有实际价值，而现如今已基本被电子账取代，但其中的格式不会变化。

总分类账

科目名称＿＿＿＿																								第　页						
年		凭证编号	摘要	借方									贷方									借或贷	余额								
月	日			百	十	万	千	百	十	元	角	分	百	十	万	千	百	十	元	角	分		百	十	万	千	百	十	元	角	分

答会计问（职场篇）

问：我在一家小公司做财务，除了出纳工作没有做之外，总账、报表、结算、资产等都是由我负责，工作不仅繁重，而且经常被老板误解，比如问我固定资产怎么总是在减少。我该怎么办？

答：在小公司中，确实经常会出现这种情况。一些老板不太了解财务，正常的账务处理经常被误认为是会计把资产"做没了"。为了尽量避免出现这种误解，财务人员在处置资产，或者做资产减值、应收账款坏账计提等处理前，需要按照相关流程操作。如果公司因为规模小而缺少审批表之类的流程，那也要尽量去补充。这样做一方面是符合财务相关制度要求，另一方面也是让相关管理部门及领导对公司经营情况、资产状况有一定的了解。严格执行制度要求可尽量避免此类情况发生，另外也是财务人员保护自身的最佳方式。

第 3 章

财务会计的重头戏——做账

▼

上一章我们从报表入手，然后追溯到账簿。报表是记账会计期末交出的"作业"，而账簿则是连接"报表"和"凭证"的桥梁。在会计实现电算化后，登记账簿的工作变得更加简单。因为是平行登记，每做一笔凭证，账簿都会体现。同时账簿会展示相关会计科目的"期初数""期末数""本期累计发生数"等，这些数据为编制报表提供了基础。

本章将重点介绍填制凭证。专门把填制凭证作为一章介绍，也说明填制凭证在实务中的重要性。

3.1 借贷记账法，离做账只差一步！

借贷记账法是建立在"资产＝负债＋所有者权益"这一会计等式的基础上，以"有借必有贷，借贷必相等"作为记账规则，用于反映会计要素，也就是会计科目的增减变动情况的一种复式记账法。"借""贷"仅仅是两个符号。

与复式记账法对应的方法叫单式记账法。以信用卡账单为例介绍单式记账法，银行记录的仅仅是每笔款项的支出以及偿还的金额，并没有记录用于购买什么商品、享受哪种服务或是缴纳了水电费等。这也使得当我们看到"到期账单明细"的时候，可能对一些支出有所疑惑。虽然信用卡账单会记录具体消费时间和商铺信息，但具体内容不得而知。只能自己凭记忆去想，到底购买了什么物品或者是享受了什么服务。

复式记账法则不然，它会有更详细的信息记录。复式记账法体现在"用于"二字上，用于什么是其核心，例如，上个月消费 5 000 元用于购买一台计算机、消费 120 元用于餐费、消费 200 元用于话费充值。

如果采用复式记账法记录购买计算机事项，一方面信用卡账单会显示 5 000 元的支出，另一方面会衍生出一个固定资产账本，这里会记录一笔固定资产增加，价值 5 000 元。二者一一对应，也就是上文提及的"有借必有贷，借贷必相等"。这样就解决了我们只看信用卡对账单而无法了解消费去向的问题。

对于公司而言，既有资金的支出，也会有资金的收入，复杂情况会更多。正因如此，复式记账法成为现代会计的必然选择。

对此的理解是基于以下三个方面：

第一，会计主体各要素之间的数字平衡关系。有一定数量的资产，就必然有相应数量的权益（负债和所有者权益）与之相对应，任何经济业务所引起的要素增减变动，都不会影响这一平衡。如果这一等式的"左""右"两方用"借""贷"两方来表示，那么每一次记账的借方和贷方是平衡的；所有账户的借方、贷方余额的合计数也是平衡的。

第二，各会计要素增减变化的相互联系。任何经济业务（四类经济业务）都会引起两个或两个以上相关会计项目发生金额变动，因此当经济业务发生后，在一个账户中记录的同时必然要有另一个或两个以上账户的记录与之对应。

第三，等式左右两边的要素是对立统一的。资产在等式的左边，当想移到等式右边时，就要以"–"表示，负债和所有者权益也具有同样情况。也就是说，当用左边（借方）表示资产类项目增加时，就要用右边（贷方）来记录资产类项目减少。与之相反，当用右方（贷方）记录负债和所有者权益增加额时，就需要通过左方（借方）来记录负债和所有者权益的减少额。

这三方面的内容贯了借贷记账法的始终。会计等式对记账方法的要求决定了借贷记账法的账户结构、记账规则以及试算平衡的基本理论，因此说会计恒等式是借贷记账法的理论基础。

在借贷记账法下，账户设置基本上可分为资产及成本（包括费用）类和负债及所有者权益（包括收入）类两大类别。

3.1.1　资产及成本类账户的结构

资产类及成本类账户的期末余额公式为：

期末借方余额 = 期初借方余额 + 本期借方发生额 − 本期贷方发生额

（1）资产类账户的结构

资产类账户的借方登记增加额、贷方登记减少额，一般为借方余额（账户余额一般在增加方，下同）。

资产类账户

借方	贷方
期初余额	
本期增加发生额	本期减少发生额
期末余额	

（2）成本类账户的结构

成本类账户的借方登记增加额、贷方登记减少额，一般为借方余额。

成本类账户

借方	贷方
期初余额	
本期增加发生额	本期减少发生额
期末余额	

3.1.2　负债及所有者权益类账户的结构

负债及所有者权益类账户的贷方登记增加额、借方登记减少额，一般为贷方余额。

负债及所有者权益类账户的期末余额公式为：

期末贷方余额＝期初贷方余额＋本期贷方发生额－本期借方发生额

（1）负债类账户的结构

在负债类账户中，负债的增加记录在账户的贷方，负债的减少记录在账户的借方，账户的余额在贷方。

负债类账户

借方	贷方
	期初余额
本期减少发生额	本期增加发生额
	期末余额

（2）所有者权益类账户的结构

在所有者权益类账户中，所有者权益的增加记录在账户的贷方，所有者权益的减少记录在账户的借方，账户的余额在贷方。

所有者权益类账户

借方	贷方
	期初余额
本期减少发生额	本期增加发生额
	期末余额

3.1.3 损益类账户的结构

企业在一定期间取得的收入和发生的费用要体现在当期损益中，因此损益类账户主要包括收入类账户和费用类账户。

（1）收入类账户的结构

在收入类账户中，收入的增加记录在账户的贷方，收入的减少记录在账户的借方。由于收入净额在期末转入"本年利润"账户，用以计算当期损益，本类账户结转后无余额。

收入类账户

借方	贷方
收入减少或结转数	收入增加额
本期发生额（收入减少额合计） （无期末余额）	本期发生额（收入增加额合计） （无期末余额）

（2）费用类账户的结构

在费用类账户中，费用的增加记录在账户的借方，费用的减少记录在账户的贷方。由于费用净额在期末转入"本年利润"账户，用以计算当期损益，本类账户结转后无余额。

费用类账户

借方	贷方
费用增加额	费用减少额或结转额
本期发生额（费用增加额合计） （无期末余额）	本期发生额（费用减少额合计） （无期末余额）

此外有四个双重性质账户，其相对特殊，需特别关注。实务中这种情况也有，但是并不多。

由于"借""贷"记账符号对会计等式两边的会计要素规定了增减相反的含义，因此可以设置既具有资产性质，又具有负债性质双重性质的账户。比如，"应收账款"和"预收账款"可以合并为一个账户，"应付账款"和"预付账款"也可以合并为一个账户。双重性质账户的性质不是固定的，应根据账户余额的方向来判断。如果余额在借方就是资产类账户，如果余额在贷方就是负债类账户。具有双重性质的账户只是少数，绝大多数账户的性质仍是固定的。

3.1.4　借贷记账法账户结构总结

① 对每一个账户来说，期初余额只可能在账户的一方：借方或贷方，反映资产、负债或所有者权益的期初余额。

② 如果期末余额与期初余额的方向相同，说明账户的性质未变；如果期末余额与期初余额的方向相反，则说明账户的性质已发生改变。例如，"应收账款"是资产类账户，期初余额一般在借方，反映期初尚未收回的账款。如果应收账款期末余额仍在借方，则反映期末尚未收回的账款，仍为资产性质的账户；如果期末余额出现在贷方，说明本期多收了款项，多收部分就转化成预收账款，变成了负债性质的账户。类似的情况在很多账户都存在，如"应付账款""预收账款""预付账款"等反映往来账款的账户以及"待处理财产损益"等双重性质账户，都应根据它们期末余额的方向来确定其性质，如果余额在借方，就是资产类账户；反之，如果余额在贷方，就是负债类账户。

③ 对于收入、费用类账户，由于这类账户的本期发生额在期末都要结转到"本年利润"账户，用来核算企业的财务成果，所以一般无期初和期末余额。

综上所述，"借""贷"二字作为记账符号所表示的经济含义是不一样的，可表示为下表：

各类账户的基本结构

借方	贷方
资产增加	资产减少
负债及所有者权益减少	负债及所有者权益增加
费用成本增加	费用成本转出
收入类转出	收入类增加

常用的五类会计科目中，借贷的符号意义如下：

① 资产类一般借增贷减，余额一般在借方，备抵账户除外（比如累计折旧、累计摊销、坏账准备、存货跌价准备等这些科目都属于备抵类科目），余额在贷方。

② 负债类贷增借减，余额一般在贷方。两个特殊要记牢，即应付账款和预收账款，余额方向可借可贷，在贷方性质为负债，如在借方则由负债转变为资产。

③ 所有者权益类贷增借减，余额一般在贷方。两个特殊要记牢，即本年利润和利润分配——未分配利润，余额方向可借可贷，在贷方表示盈利（利润大于零），如在借方则表示亏损（利润小于零）。本年利润年末转入利润分配——未分配利润无余额。

④ 成本类借增贷减，一般余额在借方，制造费用期末需结转至生产成本，通常无余额。

⑤ 损益类，期末无余额，转入本年利润，参与利润的计算。

> 借贷小口诀
>
> 借增贷减是资产，权益和它正相反。
>
> 成本资产总相同，细细记牢莫弄乱。
>
> 损益账户要分辨，费用收入不一般。
>
> 收入增加贷方看，减少借方来结转。

3.2 揭开凭证的面纱——做账的依据

在制证、登账、编表三大环节中，填制凭证是记账会计最核心的工作。

在会计教科书中，凭证分为两种，一种是原始凭证，一种是记账凭证。会计时常提到的做账指的是后者，即填制记账凭证。

这里首先介绍原始凭证。原始凭证又称单据，在经济业务事项发生或者完成时填写，用来证明经济业务事项已经发生或者完成，以明确经济责任，并用作记账原始依据。它是进行会计核算的重要资料，如购销发票、运费发票、收款通知、付款通知、收料单、领料单等。原始凭证又细分为两类，如图3-1所示。

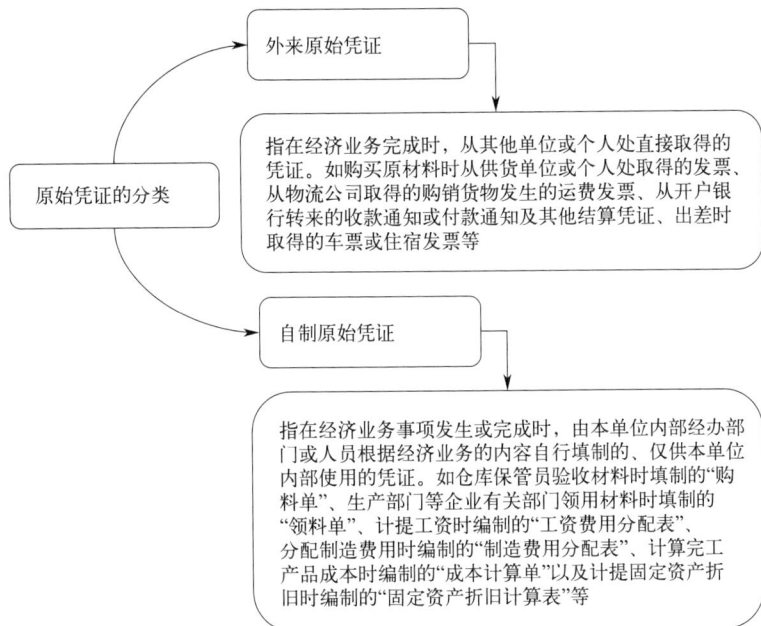

```
                        ┌─────────────────┐
                   ┌───→│   外来原始凭证    │────┐
                   │    └─────────────────┘    │
                   │    ┌─────────────────────────────────────┐
                   │    │ 指在经济业务完成时，从其他单位或个人处直接取得的 │
                   │    │ 凭证。如购买原材料时从供货单位或个人处取得的发票、│
┌─────────────┐    │    │ 从物流公司取得的购销货物发生的运费发票、从开户银 │
│  原始凭证的分类 │────┤    │ 行转来的收款通知或付款通知及其他结算凭证、出差时 │
└─────────────┘    │    │ 取得的车票或住宿发票等                  │
                   │    └─────────────────────────────────────┘
                   │    ┌─────────────────┐
                   └───→│   自制原始凭证    │────┐
                        └─────────────────┘    │
                        ┌─────────────────────────────────────┐
                        │ 指在经济业务事项发生或完成时，由本单位内部经办部 │
                        │ 门或人员根据经济业务的内容自行填制的、仅供本单位 │
                        │ 内部使用的凭证。如仓库保管员验收材料时填制的"购 │
                        │ 料单"、生产部门等企业有关部门领用材料时填制的  │
                        │ "领料单"、计提工资时编制的"工资费用分配表"、 │
                        │ 分配制造费用时编制的"制造费用分配表"、计算完工 │
                        │ 产品成本时编制的"成本计算单"以及计提固定资产折 │
                        │ 旧时编制的"固定资产折旧计算表"等              │
                        └─────────────────────────────────────┘
```

图 3-1 原始凭证分类

任何一张原始凭证都必须同时具备一些相同的内容，这些内容被称为原始凭证的基本内容或基本要素。原始凭证包括的基本内容如图3-2所示。

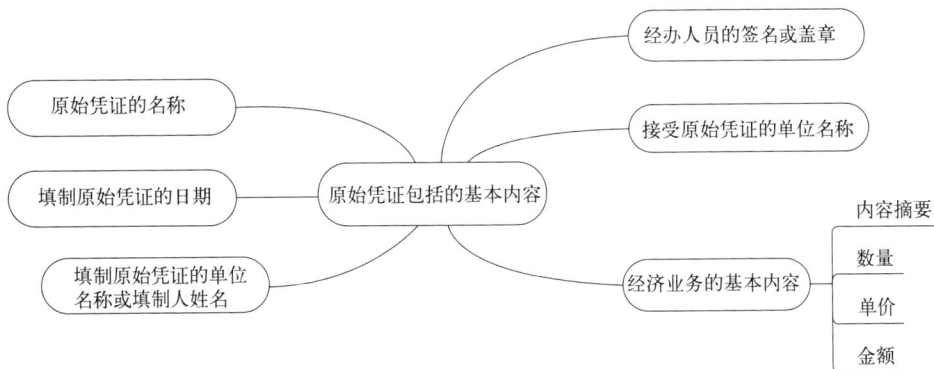

```
                                           ┌──────────────────┐
                                           │ 经办人员的签名或盖章 │
┌───────────────┐                          └──────────────────┘
│  原始凭证的名称  │                          ┌──────────────────┐
└───────────────┘                          │ 接受原始凭证的单位名称 │
                     ┌──────────────────┐   └──────────────────┘
┌───────────────┐   │                  │
│ 填制原始凭证的日期 │───│ 原始凭证包括的基本内容 │              内容摘要
└───────────────┘   │                  │             ┌────────┐
                     └──────────────────┘             │  数量  │
┌───────────────┐        ┌──────────────────┐         ├────────┤
│ 填制原始凭证的单位 │        │  经济业务的基本内容  │─────────│  单价  │
│ 名称或填制人姓名  │        └──────────────────┘         ├────────┤
└───────────────┘                                     │  金额  │
                                                      └────────┘
```

图 3-2 原始凭证基本内容

原始凭证包括的种类有：

（1）支票存根

支票存根是开出支票后留存的重要依据。如果通过支票付款，支票存根是必不可少的原始凭证。随着时代的发展，这种纸质支票的使用频率越来越低（如图3-3所示）。

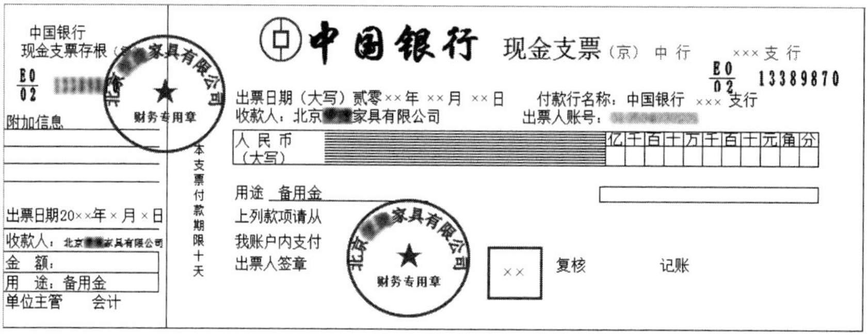

图3-3 支票样式

（2）付款申请单

从公司治理的角度而言，仅凭支票存根确认对外付款并不严谨，也不应作为会计记账的唯一凭据。所以财务会计在付款的时候，必须有相关经办人签字以及获得相关负责人的审批。因此付款申请单也是重要原始凭证。现今已经有很多流程管理审批软件可应用，即当审批流程设定好之后，从提交申请到逐级审批，都可以通过移动设备来完成。其原理与纸质审批单相同（见图3-4）。

付款申请单

部门	采购部				日期：20××年×月××日		
收款人	××汽车零部件厂			收款人开户行			
				收款人账号			
付款金额（大写）	贰万圆整				（小写）		¥20,000.00
款项用途	付货款				付款方式		转账支票
领导审批	××	财务审核	×××	部门审核	××	经办人	××

图3-4 付款申请单样式

（3）增值税发票

增值税发票是最为重要的原始凭证。增值税普通发票一般是两联，一联是发票联，给购货方；一联是记账联，是财务记账的依据。专用发票则是三联，多了一个绿色的认证联。随着电子普票和专票的普及，纸质发票可能被取代（见图3-5）。

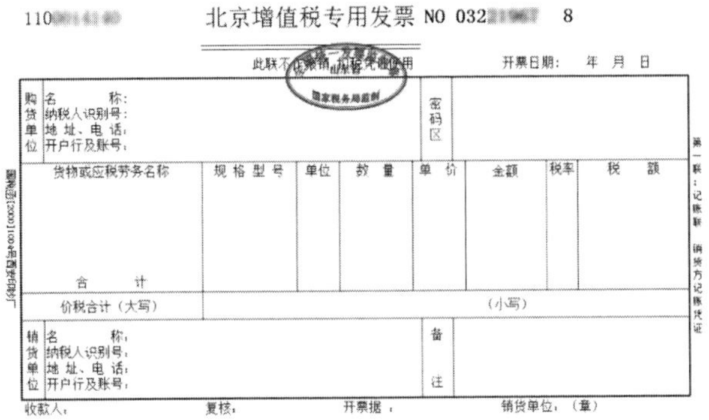

图 3-5　发票样式

（4）进账单

当公司收到对方开具的支票时，需要将其交给开户行入账，出纳会填写进账单。因为对方开具的转账支票会作为凭据被银行收留，所以公司出纳填写的进账单是重要的记账依据，表明该笔款项已经进入公司账户。该进账单需经银行盖章才能生效（见图3-6）。

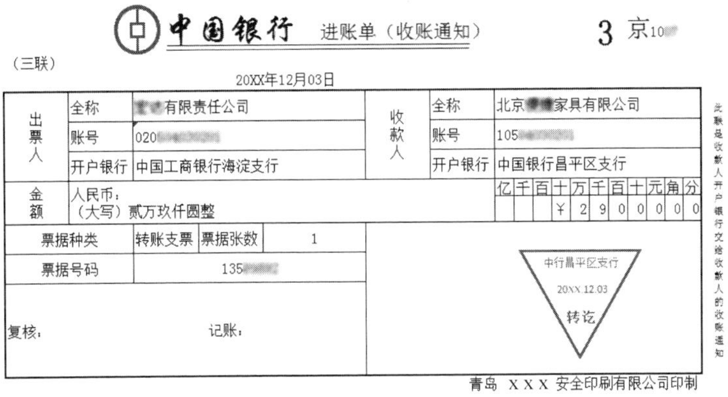

图 3-6　进账单样式

（5）银行电子回单

随着时代的发展，公司网银使用越来越频繁。通过网银进行账务的转入、转出后，银行会出具电子回单，这是我们财务记账的重要依据（见图3-7）。

中国建设银行网上银行电子回单

币别：	人民币	日期：	2017-2-25	凭证号：		交易流水号：	547[illegible]
付款人	全 称	付款公司全称XXX		收 款 人	全 称	收款公司全称XXX	
	账 号				账 号	331[illegible]	
	开户行	建设银行XX省XX分行			开户行		
大写金额				小写金额			
用 途	税款					中国建设银行 电子回单 专用章	
钞汇标志	钞户						
重要提示：电子回单可重复打印，如您已通过银行柜台取得相应纸质回单，请注意核对，勿重复记账。							
第 1 次补打。							

图 3-7 银行电子回单

（6）收据

收据并不作为入账依据，也不能等同于发票的法律效力。但是出于财务的严谨性，我们在支付对方款项的时候，除了索要发票，也可以要求对方开具收据，作为附件放在记账凭证后面（见图 3-8）。

收　　据　　　　NO.00000 × ×

2015 年 2 月 2 日

今收到 × × × 机械有限公司交来的银行承兑汇票四张，

票号：00 × × × × × 1-00 × × × × × 4

金额（大写）　零佰肆拾零万零仟零佰零拾零元零角零分（￥400，000.00）

单位盖章：

第三联 记账联

负责人　　会计　　出纳　白小白　　经办人：

图 3-8 收据样式

（7）其他原始凭证

此外，还包括诸如工资发放明细、出库单、入库单等都是我们填制记账凭证的原始单据。

会计需要掌握的一个原则就是，记账需要有附件，任何账务处理都要确保账务的准确性、合规性以及逻辑性。缺少盖章、签字或字迹不清楚等的凭证都不可作为凭据入账。

为了保证原始凭证能够正确、及时、清晰地反映各项经济业务的真实情况，提高会计工作质量，原始凭证的填制必须符合如图 3-9 所示的基本要求。

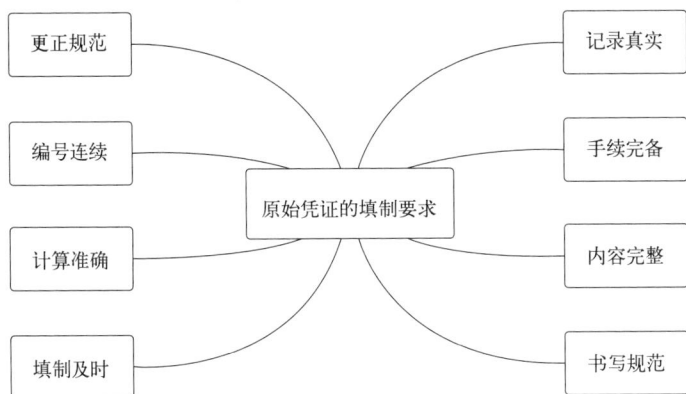

图 3-9 原始凭证填制要求

一句话经典

　　会计做账需要依据，需要有票据、合同或者审批单等原始凭证做依托，严谨进行账务处理。

　　原始凭证中比如支票需要由出纳填写，开具发票的时候也需要财务人员进行处理。而诸如出入库单等，则需要专门的库管人员、采购部门人员填制，财务负责审核。总之会计做账不能凭空想象，要注意原始票据的审核和保存。

3.3 记账凭证如同站在天平的两端

　　接下来我们要接触会计的核心工作——做账。

　　原始凭证有时也被会计叫做"凭证附件"，其含义是我们填制记账凭证的附属依据要件，例如证明资金流出流入的银行回单；证明商品交易的发票联、认证联、抵扣联；证明业务真实性的合同；证明原材料及库存商品出入库情况的出入库单据等。

　　记账凭证的格式不会像原始凭证或者说原始单据那么纷繁复杂。常见的记账凭证只有三种，即"收""付""转"凭证。或者如果是规模较小的企业以及业务相对简单的公司，则其记账凭证只有一种格式，即通用的记账凭证格式。

（1）收款凭证

涉及现金、银行存款收入的业务用收款凭证。

收　款　凭　证

20××/×/×

摘　要	科　目	子细目	借方金额										√	贷方金额										√
			亿	千	百	十	万	千	百	十	元	角	分		亿	千	百	十	万	千	百	十	元	角	分	
合　计																										

主管：　　　记账：　　　　稽核：　　　　　制证：　　　　　出纳：

（2）付款凭证

凡涉及现金、银行存款支出的业务用付款凭证。如果一笔业务同时涉及现金和银行存款也用付款凭证。

付　款　凭　证

20××/×/×

摘　要	科　目	子细目	借方金额										√	贷方金额										√
			亿	千	百	十	万	千	百	十	元	角	分		亿	千	百	十	万	千	百	十	元	角	分	
合　计																										

主管：　　　记账：　　　　稽核：　　　　　制证：　　　　　出纳：

（3）转账凭证

凡不涉及现金、银行存款收付的业务用转账凭证。

（4）通用记账凭证

业务量少的单位也可不用收款凭证、付款凭证、转账凭证，而是使用一种通用的记账凭证记账。

记　账　凭　证

20×x/x/x

编　号　号
附单据　张

摘 要	科 目	子细目	借方金额											√	贷方金额											√
			亿	千	百	十	万	千	百	十	元	角	分		亿	千	百	十	万	千	百	十	元	角	分	
合 计																										

主管：　　　记账：　　　　稽核：　　　　　制证：　　　　　出纳：

大致看，展示的几种凭证并没有太大区别，但仔细观察，凭证开头部分的"收""付""转""记"字样是有明显区分的。

大多数公司都是采用"收""付""转"三类凭证，以前也有少数公司用"现""银""转"三类凭证。规模较小的企业或者业务相对简单的公司会采用通用"记"账凭证。以下我们会针对"收""付""转"三类凭证使用方法进行详细介绍。

3.4　收款、付款凭证讲述资金流入与流出

在传统观念中，会计工作总是与"钱"紧密相连，或者说是与"货币计量"不可分离。

会计科目中最为重要的是"货币资金""银行存款"。随着经济业务的运转，资金转换为不同的形态，比如有形资产、无形资产、债权、债务。为了更为全面地表述这些复杂的经济形态，衍生出了不同的会计科目，诸如"应收账款""应付账款""库存商品""固定资产""无形资产""长期股权投资"等。

生活中看似简单的事情，其实隐藏了复杂的过程。经济业务亦是如此，资金的"收"与"付"显得尤为重要，以至于在填制凭证中，收款凭证、付款凭证占据了相当大部分（图3-10）。

我们可将每一笔记账凭证当做一个"故事"，按照时间顺序"编纂"它。也许很多人会有疑惑，记账凭证能讲出什么样的"故事"呢？

实际上，对于公司的经济业务发生，除了公司相关文件、合同、文档的记述

外，记账凭证则是从经济价值角度所做的必不可少的一个记录。财务人员如同公司业务经营过程中的记录员，只不过采取的是会计特有的表达方式而已。

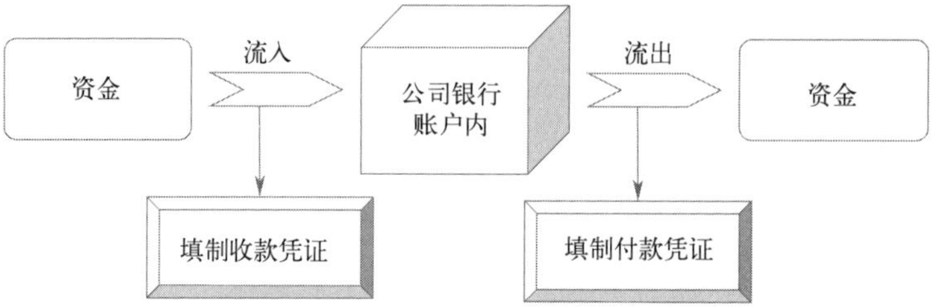

图 3-10 收款、付款凭证填制环节

记账凭证记录了公司的业务发生情况，它突出了一个"记"字。如同写记叙文一样，时间、地点、人物一样都不可少，如果缺少任何一项，则该记叙文将是不完整的，记账凭证也是如此。

收款、付款凭证有一项重要内容，那就是记录资金的流入与流出。我们可以通过三个步骤来了解收款、付款凭证。

步骤一：分清主角与配角

记账凭证既然是描述经济业务的发生，势必要有主角与配角。我们在认清收款凭证的时候，一定要把握好这一点，即分清楚凭证中的主角与配角。

主角：银行存款、库存现金

配角：其他科目

主角与配角之间是相辅相成的，缺一不可，缺少任何一项都不能把公司收款业务讲述明白。

比如以下的收款凭证：

收　款　凭　证

借方科目：银行存款　　　　　　20××/××/××　　　　　　编号　　　号　　附单据　　　张

摘　要	科　目	子细目	借方金额 亿 千 百 十 万 千 百 十 元 角 分	√	贷方金额 亿 千 百 十 万 千 百 十 元 角 分	√
收到银行贷款	长期借款	城市商行			5 0 0 0 0 0 0 0	
合　计					¥ 5 0 0 0 0 0 0 0	

主管：梁　　记账：吴　　稽核：高　　制证：梁　　出纳：李

从该笔收款凭证中读到的信息是，该公司从银行借的一笔款项到账，贷方科目是一项负债。

还比如下面这笔收款凭证：

收　款　凭　证

借方科目：银行存款　　　　　　20××/××/××　　　　　　编　号　　　号
附单据　　　张

摘　要	科　目	子细目	借方金额 亿	千	百	十	万	千	百	十	元	角	分	√	贷方金额 亿	千	百	十	万	千	百	十	元	角	分	√
收到上海 ×× 公司	应收账款	上海 ××														1	2	5	0	0	0	0	0			
合　计															¥	1	2	5	0	0	0	0	0		

主管：梁　　　记账：吴　　　　稽核：高　　　　制证：梁　　　　出纳：李

从这笔收款凭证中，我们可以得知，贷方科目并非负债类，而是资产类。由此可见，收款凭证中的主、配角隐含着一种债权方与债务方的关系。

一句话经典

一家公司在某会计期间内收款凭证较往期做得多未必能证明该公司经营收入增加，还可能会因此而背负很多债务。

步骤二：摘要体现"收"或"付"

摘要部分是收、付款凭证中需要用汉字记录的内容，关键在于两个字——精准。

收款凭证的核心在于描述公司的收款业务，摘要中尤为突出的一个字便是"收"。付款凭证亦是如此。

> 摘要：**收**到***公司(或是个人)的***款项

> 摘要：**付**///公司(或是个人)的***款项

步骤三：借、贷方科目要对号入座

收到对方交来的款项一定要对号入座。这一点要在"贷方科目"栏中清晰体现。财务人员填写收款凭证的时候，尤其要注意这一点。不经意间的小失误可能会造成张冠李戴的错账出现。

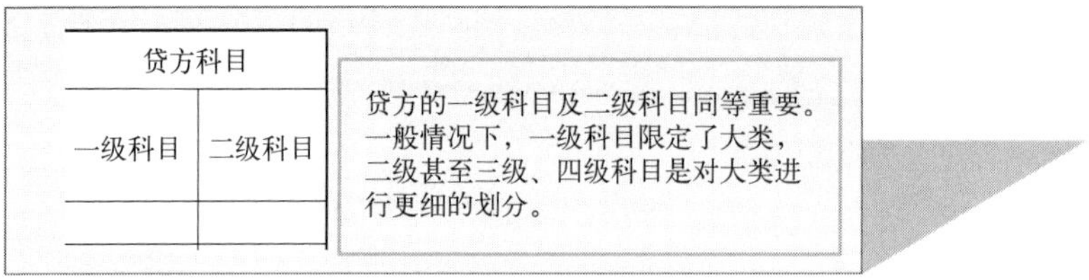
贷方科目
一级科目
二级科目
贷方的一级科目及二级科目同等重要。一般情况下，一级科目限定了大类，二级甚至三级、四级科目是对大类进行更细的划分。

支付对方款项同样要做到对号入座。银行存款或库存现金减少，这两个科目属于资产，属性是“正”，贷方表示减少，也意味着资金支付出去。那么借方就要明确这笔款项是付给了哪个科目。

这三个步骤其实也是收款凭证最突出的三个特点，我们在学习填制收、付款凭证的过程中尤其要注意。当然，收、付款凭证和其他几类凭证一样，都包含了记账凭证所特有的几大要素，如图 3-11 所示。

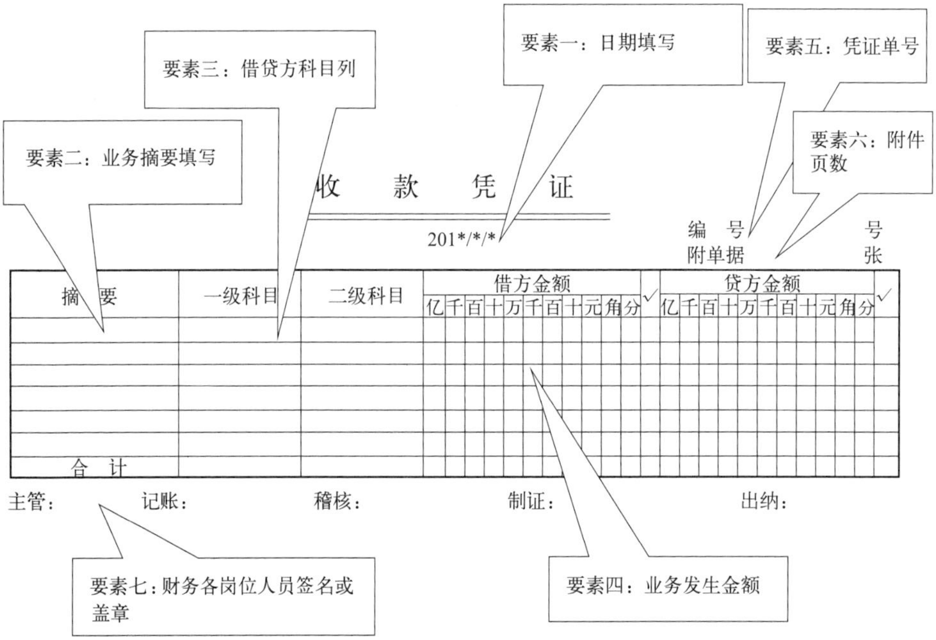
要素一：日期填写
要素三：借贷方科目列
要素五：凭证单号
要素六：附件页数
要素二：业务摘要填写
收　款　凭　证
201*/*/*
编　号　　号
附单据　　张
摘要
一级科目
二级科目
借方金额
贷方金额
亿 千 百 十 万 千 百 十 元 角 分
合　计
主管：
记账：
稽核：
制证：
出纳：
要素七：财务各岗位人员签名或盖章
要素四：业务发生金额

图 3-11　凭证填制要素

3.5　“收”和“付”交代不清的事儿就让“转”来说

以上介绍了收款凭证和付款凭证，但在实际业务中有很多并不是仅靠资金的收与付就可以说明的情况。比如甲公司欠了乙公司 100 万元，但甲公司濒临倒闭，乙公司应收的 100 万元可能收不回来，遇到这种情况怎么办？

此时，转账凭证的价值就会体现出来。这就好比写文章，不同的文体有不同的存在价值，如有记叙文、议论文，同样也会有诗歌、散文等。收、付是直接描述资金的流入与流出，而转账凭证则是用一种更委婉的方式来表述经济业务，虽然也是与货币计量、数字相关，但不涉及资金的流入和流出。

一句话经典

收款、付款并不能诠释权责发生制的意义，同时经济业务也不仅仅是收、付就能表述清楚的。因而转账凭证的存在是必要的补充。

承上例，向前追溯这 100 万元。当时乙公司卖给甲公司 100 万元的货物，并且开具增值税专用发票。对方赊账。乙公司当时会出现一笔凭证是：

借：应收账款 1 000 000

贷：主营业务收入 884 955.75

应交税费——应交增值税——销项税 115 044.25

但是次年甲公司破产，这笔款无法收回。当年已经计提坏账准备 10 万元。

财务做账如下。

借：信用减值损失 900 000

坏账准备 100 000

贷：应收账款 1 000 000

再举个例子：公司购买了一台柜式空调，价格是 8 000 元。空调至少会使用三年。由于空调属于固定资产，按照常规如果一次性记作成本显然不合理，需要将购置空调的支出减去残值后的余额进行摊销。假设空调三年后的残值为 500 元，那么空调在其使用的三年中，每个月需要提折旧 208.33 元。也就是说 208.33 元虽然当月没有这笔支出，但是我们会计为了核算的准确性，按照权责发生制的原则进行了费用摊销。

转 账 凭 证

2019 年 12 月 31 日　　　　　　　　转字第 3 号

摘要	总账科目	明细科目	记账符号	借方金额 千 百 十 万 千 百 十 元 角 分	记账符号	贷方金额 千 百 十 万 千 百 十 元 角 分	附单据
计提折旧	管理费用	折旧		2 0 8 3 3			
计提折旧	累计折旧	空调				2 0 8 3 3	
合计				￥2 0 8 3 3		￥2 0 8 3 3	

财务主管 张家琪　　　记账 周代　　　出纳 王德礼　　　审核 张家琪　　　制单 周代

可见，转账凭证非常重要，它弥补了收、付款凭证的不足。因此，转账凭证是为了弥补收、付款凭证的缺陷，同时满足权责发生制的要求而设立的（图3-12）。

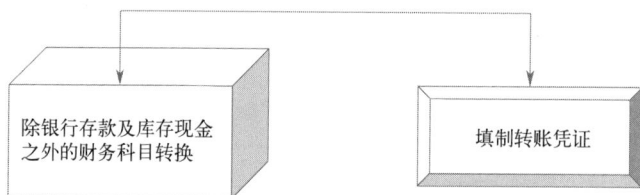

图 3-12 转账凭证填制条件

答会计问（职场篇）

问：刚毕业，直接去审计事务所工作是否适宜？

答：在审计事务所做审计工作，或者作助理，可以接触到很多公司账务，见识很多不同类别企业的做账方式，熟悉它们的业务流程。虽然事务所工作压力较大，但对于提升自身专业能力有很大帮助。

而在企业做财务工作有别于审计，二者出发点不同，工作流程也不同。审计需要编制工作底稿，而会计做账则是从搜集原始票据、填制凭证、编制报表等一步步完成。做了一两年审计工作，再转入企业作会计，中间需要一段适应过程。对于刚毕业的学生，先在审计事务所工作一段时间再转入企业做会计也是不错的选择。

第 **4** 章

铁打的营盘
流动的资产

▼

　　前面已经对会计做账流程进行了梳理。从本章开始，将会接触更多的实务内容。我们在梳理业务的时候，将按照资产、负债以及损益类科目的顺序进行介绍。本章所涉及的内容，主要是资产负债表中的流动资产相关科目。

　　流动资产与非流动资产，都是从资产变现速度而言的。资金本身就是现金，自然不涉及变现问题。然而，当使用资金去购买存货或者购入汽车的时候，它的存在形式就发生了变化。有的公司会用账户中的资金去购买一些定期理财产品，有的时候期限会超过 1 年，那么此时购买的理财产品就不能算作流动资产，而应计入非流动资产。即使理财产品的期限仅为 1 个月，该项业务也表明公司使用的资金已不再以银行存款的形态存放在对公账户中，而是转变为其他的一种短期投资，比如交易性金融资产等。由此可见，资金确实如流水，它可以呈现多种形式。只要发生资金变动，导致存款余额变动，那么资金就会转换为其他的形态。

4.1 新公司运转的起点——"银行存款"

小明经营情况实录

　　小明注册公司后，第一件事是去银行开立对公账户。公司未来的所有业务都需要通过对公账户进行转入、转出。账户上的资金可以理解为我们所认为的现金。

　　包括公司股东的投资款，也必须打入该账户。其实这也是为了保护各投资方的利益。老王大哥迅速向对公账户打入了 1 000 元，小明则将自己的 5 000 元存入对公账户。

　　开设对公账户不仅仅是为了满足国家相关部门的要求，对于投资方也是一种保护。银行账户里的钱是"公司"的，并非某个人所有。之前我们谈到，公私不分时，公司利益会受到极大的威胁。实务中，这种混为一谈的情况时常发生，因此财务人员需要具备足够的职业判断能力，根据实际情况进行账务处理。

　　每个公司至少会开设一个基本账户。如有其他业务需求，公司还可以在其他银行开设一般存款账户等。在我国，对公银行存款账户分为四种，如图 4-1 所示。

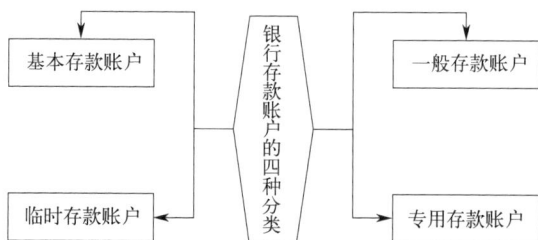

图 4-1 对公银行存款账户的四种分类

　　其中，基本账户是必须开立的。以前开立基本账户之后，银行会给企业发放一张开户许可证。后来该证取消，改为一张 A4 纸，上面列明公司开户信息情况。

　　对于多数公司而言，收到的第一笔资金通常是投资人投入的资本金。例如小明商贸公司开设对公账户，这两笔业务完成后公司实收资本达到了 6 000 元。

　　小明商贸公司的会计首先要做两笔凭证：

借：银行存款   1 000

　　银行存款   5 000

　　　贷：实收资本   6 000

为什么借方会有两个"银行存款"？这是基于实际情况，小明和老王大哥分别打款，银行流水会有两笔入账，账务处理也要体现这个过程。为了更加规范，将上述凭证拆为两笔分录：

借：银行存款   1 000

    贷：实收资本   1 000

借：银行存款   5 000

    贷：实收资本   5 000

假设这两笔打款发生在 1 月 31 日，凭证做完后，总账和明细账也会相应编制。上一章我们提到过"平行记账"，也就是说凭证完成后，无论是手工账还是电子账，都会同步出现银行存款的日记账以及实收资本的总账和明细账。根据这两张表，同时也可以生成当月的财务报表。

对公账户有了资金，好比机器有了动力，随后就需要运转起来。为了购货，小明先从银行对公账户取出 2 000 元，作为库存现金。

虽然现在很多公司都从网银转账，无论是个人报销还是公司之间的业务往来，但取现补库存的业务也时有发生。就像小明取些备用金放在自己这里。此时会计做账为：

借：库存现金   2 000

    贷：银行存款   2 000

能看懂该凭证，说明已经开始入门了。

该凭证的含义是：银行存款是资产科目，在贷方，说明减少的 2 000 元银行存款。减少的 2 000 元去了哪里？看借方的"库存现金"。该科目也是资产类，借方表示增加。

换句话说，银行存款变成了另外一种资产形式记录在会计账上。正如之前提到的，有因必有果，有果必有因。会计凭证说明了一切。

4.2 变现速度较快的资产——存货

会计学上，将资产分为流动资产与非流动资产，依据是其变现速度。论变现速度，存货应排在前列，而且很多企业都会涉及存货。在会计科目中并没有"存货"这个科目，它是一个统称。只有在编制资产负债表的时候，才会专门列示一项"存货"。

为有助于全面理解会计上存货的概念，又需要回到财务报表上。资产负债表中的"存货"囊括了很多内容。该栏目对应多个会计科目总账，就像我们前面提到的资产负债表中的"货币资金"对应着会计科目的"银行存款""库存现金""其他货币资金"一样。存货对应的会计科目如图4-2所示。

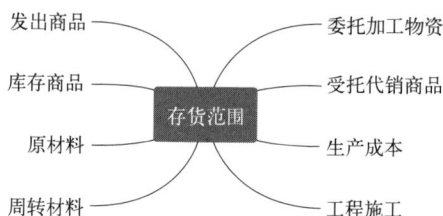

图4-2 存货范围

> 存货是指企业在日常活动中持有以备出售的产成品或商品、处在生产过程中的在产品以及在生产过程或提供劳务过程中耗用的材料、物料等。
>
> 对于销售行业，存货就是商品；对于产品制造业，存货则是产成品。
>
> 对于建筑安装业，存货很可能是工程施工项目，而对于房地产开发企业，开发的房产就是存货。

我们用汽车来举例。如果汽车销售公司购入用于销售的汽车，那么这些汽车要计入"库存商品"；如果公司购入的汽车不是用于销售，而是自用，那么这些汽车需要计入"固定资产"科目。

所以购入的物品其持有目的很关键。初学会计的人常常感到疑惑：同样的物品在不同情况下计入的会计科目不同。会计不仅仅是简单的记账，还需要职业判断。提高自身职业判断能力，一方面是经验的积累，另一方面是对会计准则的掌握，这并非简单的记忆，而是深入的理解。

存货 ══════目的═══════▷ 出售或在生产过程中被耗用的材料和物料等

固定资产 ══════目的═══════▷ 生产商品、提供劳务，为企业持续创造经济价值

存货的取得方式有很多种，最为常见的有六种，如图4-3所示。

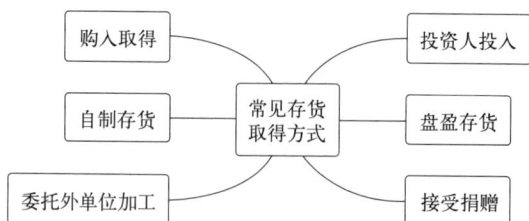

图4-3 取得存货的常见方式

存货必须在符合定义的前提下，同时满足如图 4-4 所示的两个条件时，才能予以确认。

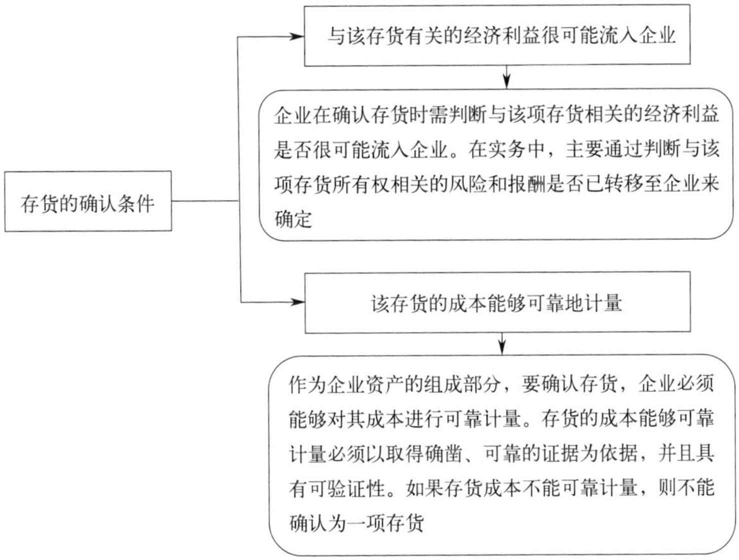

图 4-4 存货确认方式

（1）购入的存货

在实际业务中，购买存货最为常见，比如购买原材料、库存商品等。例如小明商贸公司会购入一些果汁饮料或者蔬果等，这些库存商品直接用于销售，不需要加工。会计人员只需准确计量购入存货的成本，准确的存货成本才能帮助公司算好账，做好定价（见图 4-5）。

图 4-5 购入存货成本构成

在此需要说明，相关税费中可以抵扣的增值税是不能计入存货成本的。存货的相关税费是指企业购买存货时发生的进口关税、消费税、资源税，以及不能抵扣的增值税进项税额和相应的教育费附加等，所有这些应计入存货采购成本的税费。

但通常情况下，购入的存货，其增值税是单独列示，不计入存货成本。

其他可归属于存货采购成本的费用是指采购成本中除上述各项以外的采购费用，例如在存货采购过程中发生的仓储费、包装费、运输途中的合理损耗、入库前的挑选整理费用等（见图4-6）。

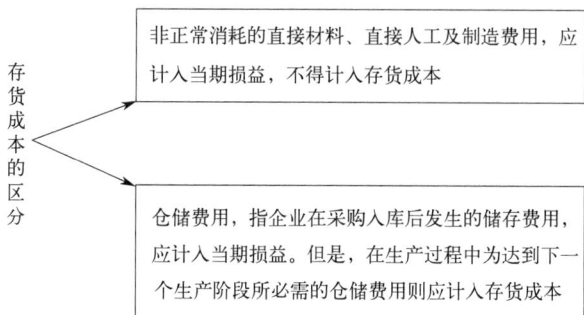

图4-6 存货成本的区分

（2）自制取得存货

自制存货则是企业自己加工生产的原材料、库存商品等，包括自制原材料、自制包装物、自制低值易耗品、自制半成品及库存商品等。其成本包括直接材料、直接人工和制造费用等各项实际支出。

举个例子

小明商贸公司购入2 000箱果汁饮料，总价为7万元（不包括增值税），运输费用由购入方支付，共计2 300元，搬运过程中发生人工费用1 200元。如果不考虑相关税金，小明商贸公司该批饮料的入账成本是多少呢？

借：库存商品（70 000+2 300+1 200）　　　　　　　　　　73 500

　　贷：银行存款　　　　　　　　　　　　　　　　　　　　　73 500

2 000箱饮料，每箱成本是73 500÷2 000=36.75元，而并非用70 000简单地除以2 000。

小明作为公司负责人，会根据每项成本决定销售价格。如果财务人员在核算成本的时候仅仅是以70 000元除以2 000箱，即每箱按照35元的成本提供给小明，很可能会导致小明做出错误决策，等卖完2 000箱果汁饮料，反而会亏损不少。

（3）加工取得存货的成本计量

企业通过进一步加工而取得的存货，主要包括产成品、在产品、半成品、委托加工物资等。其成本由采购成本、加工成本构成。某些存货还包括使存货达到目前场所和状态所发生的其他成本，如可直接认定的产品设计费用等。

小明经营情况实录

小明合计了一下，自己有农产品进货渠道，如果委托第三方对西瓜进行加工，做成西瓜饮料后再运回店里销售，这样成本会更低一些，并且品质也更好。

于是小明购入了500千克（1 000斤）大西瓜，并支付了货款。西瓜先发往小明商贸公司租用的一个仓库。小明与一家资质齐全的食品加工厂联系好，委托其代为加工。加工厂这边只负责加工，不负责原料和后期销售。

签订好委托加工协议后，小明将1 000斤大西瓜发往该食品加工厂。加工完成后，小明算了算成本，发现委托加工后每箱的成本要低于直接购入饮料的成本，而且小明觉得自己委托加工制成的饮料口感更佳，西瓜味更浓郁。

小明的经营模式其实发生了变化，业务模式变得更复杂了一些。这反映了小明对品质的追求，同时也是对成本的考量。摸清了小明的新业务模式后，我们需要通过会计的语言进行表述，将数据准确、科学地记录下来。

以上经营实录中提及的业务是委托加工。该业务模式是由委托方提供原料和主要材料，受托方只代垫部分辅助材料，并按照委托方的要求加工货物且收取加工费的经营活动。委托加工业务必须同时符合以下两个条件：

一是由委托方提供原料和主要材料；

二是受托方只收取加工费，并代垫部分辅助材料。

企业采用委托加工方式取得存货，账务处理如下：

① 委托方与受托方签订委托加工合同后，按合同向受托方发出委托加工物资

借：委托加工物资

    贷：库存商品（原材料等）

对于发生的运杂费，做如下分录。

借：委托加工物资

    贷：银行存款

② 受托方加工完成时，委托方向受托方支付加工费、消费税等

借：委托加工物资

应交税费——应交增值税（进项税额）

　　　　——应交消费税（消费税可以抵扣的情况）

　　贷：银行存款

③运回加工物资过程中支付的运杂费

借：委托加工物资

　　贷：银行存款

④委托加工物资运抵仓库，办理入库

借：库存商品（原材料等）

　　贷：委托加工物资

举个例子

　　德华制造厂委托 A 企业对某商品进行加工，该商品回收后作为库存商品，不再用于连续生产应税消费品。按照委托协议，德华制造厂发出原材料给 A 企业进行加工，该批原材料成本为100 000元，并支付给受托方即 A 企业加工费20 000元，增值税为2 600元。

　　a. 发出材料

　　借：委托加工物资　　　　　　　　　　　　　　100 000

　　　　贷：原材料——A 材料　　　　　　　　　　100 000

　　b. 支付加工费、税金等

　　借：委托加工物资　　　　　　　　　　　　　　20 000

　　　　应交税费——应交增值税（进项税额）　　　　2 600

　　　　贷：银行存款　　　　　　　　　　　　　　22 600

　　c. 验收入库

　　借：库存商品　　　　　　　　　　　　　　　　22 600

　　　　贷：委托加工物资　　　　　　　　　　　　22 600

（4）投资人投入取得的存货

　　《中华人民共和国公司法》第四十八条规定："股东可以用货币出资，也可以用实物、知识产权、土地使用权、股权、债权等可以用货币估价并可以依法转让的非货币财产作价出资；但是，法律、行政法规规定不得作为出资的财产除外。"

　　因此，股东是可以通过存货进行投资的。

　　投资方以存货对外投资的行为按税法规定视同销售，应计算缴纳增值税。因此，投资方向被投资单位开具了增值税专用发票，则存货价值中包含的增值税进项税额可以抵扣，此时应以存货不含税价与进项税额合计计入被投资单位的实收资本（溢价部分计入资本公积）。所以小明商贸公司收到的实物投资需要将未来可以抵扣的进项增值税额加进来。

　　当然存货的取得方式多种多样，除了上述常见的几种方式外，还包括非货币性资产交换、债务重组、企业合并等。

4.3　从"历史成本"的角度，定义存货价值

时间	购入数量（借）/ 斤	购入单价 /（元 / 斤）	销售数量（贷）/ 斤	结存数 / 斤	结存单价 /（元 / 斤）	结存金额 / 元
期初结存				1 500.00	6.00	9 000.00
6 月 8 日			700.00	800.00		
6 月 15 日	1 000.00	6.20		1 800.00		
6 月 20 日			500.00	1 300.00		
6 月 24 日			900.00	400.00		
6 月 28 日	2 000.00	6.80		2 400.00		
6 月 30 日			600.00	1 800.00		

其实在购入存货的业务中对于 6 月 15 日、28 日的账务处理比较简单。不考虑税费的情况下：

借：库存商品　　　　　　　　　　　　　　　　　　6 200

　　贷：银行存款　　　　　　　　　　　　　　　　　　　6 200

借：库存商品　　　　　　　　　　　　　　　　　　13 600

　　贷：银行存款　　　　　　　　　　　　　　　　　　　13 600

但这里的重点问题不是购入，而是销售。6 月 8 日销售 700 斤西瓜，那么按照每斤 6 元计算，销售成本是 4 200 元。

但当 6 月 15 日以每斤 6.20 元购入 1 000 斤西瓜的时候，入库后结存的成本如何计算呢？

这就涉及存货发出的计价方法（图 4-7）问题。

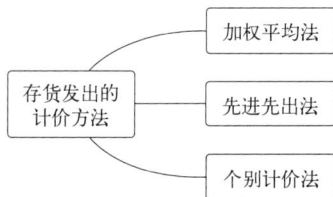

图 4-7　存货发出计价方法

三种方法中最为常见的是第一种，即加权平均法。

（1）加权平均法

加权平均法又分为月末一次加权平均法和移动加权平均法。

月末一次加权平均法公式：

存货单位成本＝［月初库存存货的实际成本＋∑（本月各批进货的实际单位成本 × 本月各批进货的数量）］÷（月初库存存货数量＋本月各批进货数量之和）

本月发出存货成本＝本月发出存货的数量 × 存货单位成本

本月月末库存存货成本＝月末库存存货的数量 × 存货单位成本

或本月月末库存存货成本＝月初库存存货的实际成本＋本月收入存货的实际成本－本月发出存货的实际成本

此方法方便易行，适用于存货收发比较频繁的企业。但由于存货的计价在月末进行，平时无法提供发出存货和结存存货的单价和金额，不利于日常管理。因此小明商贸公司的会计不采用这种方式，而是选用移动加权平均法。

移动加权平均法：

存货单位成本＝（原有库存存货的实际成本＋本次进货的实际成本）÷（原有库存存货数量＋本次进货数量）

本次发出存货成本＝本次发出存货数量 × 本次发货前存货的单位成本

本月月末库存存货成本＝月末库存存货的数量 × 本月月末存货单位成本

此方法可以随时掌握发出存货的成本和结存存货的成本，为存货管理提供所需信息。然而，不适用于收发货比较频繁的企业。由于加权平均单位成本往往不能整除，为了保证期末结存商品的数量、单位成本与总成本的一致性，应先按加权平均单位成本计算期末结存商品的成本，然后倒减出本月发出商品成本。

移动加权平均法需要会计人员更加辛苦一些，每发生一笔成本购入，就需要进行一次成本加权计算，随之也会调整一次存货单价，以便更加准确地反映当前成本。

结合小明商贸公司6月份进货与出库情况，6月15日，以每斤6.20元购入1 000斤西瓜后，库存单价调整为6.11元。即

（购入成本＋上一日结存成本）÷库存数量＝（6200+4800）÷1800≈6.11元

6月20日、24日销售存货的时候，都是按照6.11元单价作为结存的成本。

6月28日又购入西瓜，此时需再次通过加权平均法调整结存单价，见表4-1。

表 4-1　移动加权平均法

时间	购入商品			发出商品			结存商品		
	购入数量（借）/斤	购入单价/（元/斤）	购入商品金额总计/元	销售数量（贷）/斤	销售成本（单价）/（元/斤）	销售成本金额总计/元	结存数量/斤	结存单价/（元/斤）	结存金额/元
期初结存							1 500.00	6.00	9 000.00
6月8日				700.00	6.00	4 200.00	800.00	6.00	4 800.00
6月15日	1 000.00	6.20	6 200.00				1 800.00	6.11	11 000.00
6月20日				500.00	6.11	3 055.56	1 300.00	6.11	7 944.44
6月24日				900.00	6.11	5 500.00	400.00	6.11	2 444.44
6月28日	2 000.00	6.80	13 600.00				2 400.00	6.69	16 044.44
6月30日				600.00	6.69	4 011.11	1 800.00	6.69	12 033.33

举个例子

A公司5月1日甲材料结存300公斤，单价为2元，5月6日发出100公斤，5月10日购进200公斤，单价2.2元，5月15日发出200公斤。企业采用移动加权平均法计算发出存货的成本，5月15日结存的原材料成本为多少？

移动加权平均法单位成本

＝（原有存货成本＋本批入库存货成本）/（原有存货数量＋本批入库存货数量）

＝{（300-100）×2+200×2.2}÷（300-100+200）

＝2.1（元/公斤）

结存的原材料成本：2.1×（300-100+200-200）=420（元）

（2）先进先出法

除了以加权平均法计算存货成本外，还有一种存货计算方法可以供小明商贸公司会计选择，即先进先出法。

该方法是以先入库的存货先发出这一存货实物流转假设为前提，对于先发出的存货按先入库的存货单位成本计价、后发出的存货按后入库的存货单位成本计价，据以确定本期发出存货和期末结存存货成本的一种方法。

一般食品加工销售类企业为了保证商品效期，会采用先进先出法。不过此方法计算比较烦琐。在物价上涨期间，先进先出法会高估当期的利润和存货的价值，而在物价下跌期间，则会低估当期利润和存货价值。

（3）个别计价法

这是将本期发出存货和期末结存存货的成本，完全按照该存货所购进批次或生产批次入账时的实际成本进行确定的一种方法。该方法需要对每一存货的品种规格、入账时间、单位成本、存放地点等做详细记录，适用于不能替代使用的存货，或为特定项目专门购入或者制造的存货的计价。此方法也适合品种数量不多、单价较高或体积较大或容易辨认的存货的计价（图4-8）。

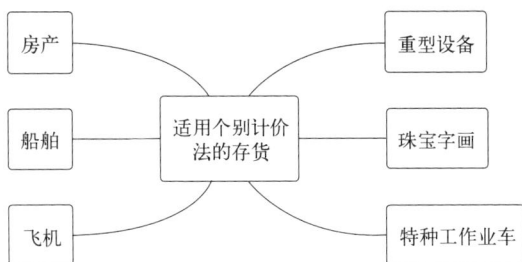

图4-8 适用个别计价法的情形

4.4 西瓜都烂了，作为会计该做点什么？

小明经营情况实录

由于对市场预测出现问题，小明在月初购入了 20 000 斤西瓜，但到了月底还有 10 000 斤没有销售出去，而且这部分西瓜有一半都已经腐烂。对于小明而言，这可是一次重大的经营失误，毕竟这批西瓜的损失对小明来说可不小。

亡羊补牢，犹未为晚。小明迅速让会计和销售人员去做一下评估，看看彻底不能销售的西瓜有多少。经过一番调查，财务和销售人员评估出有 6 000 斤西瓜已彻底腐烂，不能再销售，另外 4 000 斤西瓜需要在 2 天之内尽快售完，否则将毫无价值可言。为了促销，这 4 000 斤西瓜决定以 4 折出售。

承上文，看着烂掉的西瓜，作为会计除了替公司感到惋惜外，如果在账面上不做任何处理，似乎有些说不过去。

财务数据真实有效，管理层才能据此做出准确的决策。所以会计对可能发生减值的资产进行减值测试，并计提减值准备。

从真实业务中体会"减值准备"的概念更容易一些。正如小明商贸公司那 10 000 斤西瓜，如果会计账务上不做处理，"库存商品"不会因此有所减少，这样的数字没有实际意义。假如这 10 000 斤西瓜进货的成本为 1 万元，其中 60% 都已经腐烂，那么这批存货目前的价值仅为 4 000 元。在资产负债表中"存货"这一栏的列示金额需要减去计提的"存货跌价准备"6 000 元。

损失的 6 000 元计入资产减值损失科目。会计分录为：

借：资产减值损失   6 000

  贷：存货跌价准备   6 000

这一分录的出现表明资产已经出现明显的减值迹象了。

一句话经典

为了让存货、固定资产、应收账款等在贷方"尴尬"出现，所以出现了"跌价准备"这类备抵科目。

忧患意识贯穿在会计思维中，会计中也叫作谨慎性原则，所以各种潜在风险都需要想到。资产是能为企业带来经济利益流入的资源，其实资产的价值往往是虚的，且常以历史价格存在。我们平时也很容易被资产所迷惑，或者沉溺在资产的过去价值中而忽略了现实。基于此，我们给一些资产配备了"跌价准备"，使之既体面反映了其历史入账金额，同时也不违背事实，将其存在减值的情况真实地反映在账上。

虽然业务很简单，就是大西瓜烂掉了。但是会计并不是直接这样做：

借：资产减值损失

  贷：库存商品

而是如前所述，贷方通过"存货跌价准备"科目作为抵减。如果熟悉会计的人查看总账时，存货类（如库存商品、原材料等）的期末余额并不是存货目前真正的价值，还要查看"存货跌价准备"贷方余额，以此来确定存货的目前价值以及在财务报表上资产负债表中"存货"列示的金额。

至于"资产减值损失"科目，则是一个损益类科目，但凡损益类科目，前面可加一"期间"便于理解。也就是说，损益类科目仅限该期间，期末都要结转至"本年利润"科目，不会有余额。

资产中有很多这样的科目，比如应收账款的备抵科目"坏账准备"；短期投资对应的"短期投资跌价准备"；固定资产对应的"固定资产减值准备"；无形资产对应的"无形资产减值准备"。

存货的期末计量：按照准则的要求，存货计提减值准备需要在资产负债表日进行。到了资产负债表日（通常是 12 月 31 日），存货应当按照成本与可变现净值孰低进行计量。存货成本高于其可变现净值的，应当计提存货跌价准备，计入当期损益。

存货成本：指期末存货的实际成本。如企业在存货成本的日常核算中采用计划成本法、售价金额核算法等简化核算方法，则成本应为经调整后的实际成本。

可变现净值：指在日常活动中，存货的估计售价减去至完工时估计将要发生的成本、估计的销售费用以及相关税费后的金额。企业应以确凿证据为基础计算确定存货的可变现净值。

这里如果对"历史成本""净值"不了解，可参照第一章"西瓜成本算多少钱？"一节，该节提及了会计计量属性。会计计量属性分为历史成本及非历史成本。通常情况下都是采用前者，但其他计量属性的方法也常会使用。在对存货进行减值情况分析时则用上了"可变现净值"概念。

存货可变现净值的确凿证据是指对确定存货的可变现净值有直接影响的客观证明，如产成品或商品的市场销售价格、与产成品或商品相同或类似商品的市场销售价格、销货方提供的有关资料和生产成本资料等。

正如小明的大西瓜已经腐烂了，会计需要通过职业判断，进行相应的账务处理。此外还有其他几种情况（图4-9），可以直接判断存货的可变现净值为零。

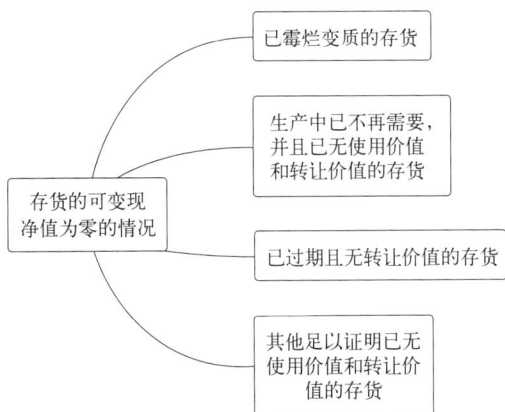

图4-9 存货可变现净值为零的情况

存货的可变现净值为零的情况
- 已霉烂变质的存货
- 生产中已不再需要，并且已无使用价值和转让价值的存货
- 已过期且无转让价值的存货
- 其他足以证明已无使用价值和转让价值的存货

举个例子

盛发公司是一工业企业，属于一般纳税人。2019 年 12 月 31 日，公司库存 B 产品 200 件，成本（不含增值税）为 480 万元，单位成本为 2.4 万元。盛发公司与新世纪公司签订的销售合同约定，2020 年 1 月 20 日，盛发公司应按每台 2.4 万元的价格（不含增值税）向新世纪公司提供 B 产品 200 件。根据盛发公司销售部门提供的数据，B 产品的平均销售费用为 0.012 万元 / 台。2019 年 12 月 31 日，B 产品的市场销售价格为 2.6 万元 / 台（不含增值税）。则：库存的 200 台 B 产品的销售价格全部由销售合同约定。在这种情况下，B 产品的可变现净值应以销售合同约定的价格 2.4 万元 / 台为基础确定。

可变现净值 =2.4×200 — 0.012×200=477.6（万元），低于成本 480 万元，按其差额 2.4 万元计提存货跌价准备。

借：资产减值损失		24 000
贷：存货跌价准备		24 000

2020 年 1 月 20 日销售以上产品时的账务处理：

借：银行存款		5 424 000
贷：主营业务收入		4 800 000
应交税费——应交增值税（销项税额）		624 000

结转成本：

借：主营业务成本		4 776 000
存货跌价准备		24 000
贷：库存商品		4 800 000

4.5　刘大妈的钱该要回来了吧？

小明经营情况实录

小明商贸公司 3 月 22 日销售给客户陈老板一批商品，价值 50 万元。按照合同约定，陈老板在 4 月底需要支付全部货款。但由于陈老板公司资金周转出现问题，需要延期支付。这让小明感到为难：这笔金额对小明商贸公司而言不是小数目，更为重要的是，5 月初公司要有两项支出完成，一笔是支付员工工资 28 万元，另一笔是需要支付进货款 30 万元。这两项支出都不能拖延。每月 5 日是劳动合同中明确的工资支付日，如果没有按时发放工资，就违反了《中华人民共和国劳动法》的相关规定。此外进货款如果不按时支付，可能影响公司正常的业务运转。

于是小明一方面每天向陈老板催收货款，另一方面想办法解决当前的难题。

会计提出了一个建议，她说员工工资不能拖欠，目前公司账上还有30万元资金，勉强可以支付28万元工资。但是陈老板那边的款项如果不结清，依然面临运营停摆的危机。

小明带着会计专程去了陈老板那里，向他催款的同时也希望他能有其他的解决办法。陈老板向出纳确认后得知，公司目前有银行承兑汇票50万元，还有半年到期。于是陈老板希望把汇票转给小明，作为结算款。

小明对汇票并不了解，幸好会计小白比较精通汇票。经过一番确认，小白认为该汇票可以接收。虽然还有半年到期，但小白觉得汇票一方面可以再背书转给供货方。如果供货方不同意接收，也可以用该汇票去办贴现，来缓解此时的资金流危机。

危机暂时得以化解，小明突然想起一件事，那就是当初还在摆水果摊的时候，他曾向刘大妈赊销了100元的西瓜。虽然金额不大，也是一笔应收款，所以刘大妈的钱也该追回了。

小明突然意识到债权、债务的管理是何等重要。

公司运转过程中，债权、债务基本都会出现。赊销的情况十分常见，尤其是大宗交易，更是无法避免会出现往来债权债务的问题。营运资金管理一旦出现问题，对公司而言有的时候会产生致命的影响，因此催账工作不可不重视。无论是刘大妈的100元，还是1元、2元，在出现资金流断裂的时候，那也不可忽视。

🏃 一句话经典

赚钱的企业未必有钱，有钱的企业未必赚钱。

小明赊销西瓜时的分录为：

借：应收账款——刘大妈   100
　　贷：主营业务收入   100
借：主营业务成本   80
　　贷：库存商品   80

（假设西瓜成本为 80 元，且不考虑增值税问题）

经过小明的提醒，刘大妈想起这 100 元的事情，并将钱还给了小明。还钱后，小明商贸公司的会计做了一笔凭证：

借：银行存款   100
　　贷：应收账款——刘大妈   100

"应收账款——刘大妈"总账有期初借方 100 元，到期末为零。期间发生了贷方 100 元，也正是刘大妈还钱后的这笔分录。

刘大妈的一借一还，也是会计中的一借一贷。没还钱，财务账上永远挂着"应收账款——刘大妈"借方 100 元，要想清账，那就只能还钱。

可见会计是一门思路缜密、逻辑清晰的学科。倘若账目混乱、账类不符，那会计的价值也就不复存在了。

现在小明商贸公司的业务越做越大，资金需求早已不是刘大妈偿还的 100 元就可以解决的。陈老板欠小明 50 万元，账上资金有 30 万元，次月需要支付员工工资 28 万元。此外还预计需要购入 30 万元的库存商品，不然店里商品就会断货。

当陈老板将承兑汇票背书转让给小明商贸公司后，小明商贸公司账上会做如下分录：

借：应收票据   500 000
　　贷：应收账款——陈老板   500 000

至此，"应收账款——陈老板"在小明商贸公司的账上成为了历史。

在这里需要注意，预计花费 30 万元进货并没有实际支出，而且业务也没有发生。这笔支出仅为公司预计的支出，而这项债务并没有实现，因此在账面上是无法体现的。

如果延伸一下，这里会涉及公司的预算管理。无论是大集团还是小公司，预算都是重要的事项。然而传统意义上的记账会计，并不包括预算管理的内容。随着时代的发展，会计的职责会逐渐拓展，不仅与财务管理相结合，还会参与到公司的更多管理决策中。

4.6 承担了应收款项所有的"伤"——坏账准备

对于应收账款，同样存在减值的情况。这和之前介绍的存货一样。为了避免"应收账款"作为资产在贷方"尴尬"出现，我们对应收类款项通过"坏账准备"科目在贷方对其进行"备抵"。

注意，这里的应收类款项不仅是应收账款，还包括"其他应收款""应收票据"等这类债权。所以"坏账准备"前面并不会加上具体的"姓"。接下来总结常见的备抵类科目：

◇ 坏账准备是应收款项类科目的备抵科目

◇ 短期投资跌价准备是短期投资的备抵科目

◇ 长期投资减值准备是长期投资的备抵科目

◇ 存货跌价准备是存货的备抵科目

◇ 固定资产减值准备、累计折旧是固定资产的备抵科目

◇ 无形资产减值准备、累计摊销是无形资产的备抵科目

◇ 在建工程减值准备是在建工程的备抵科目

◇ 委托贷款减值准备是委托贷款的备抵科目

◇ 递延收益——未实现融资收益作为应收融资租赁款的备抵科目

◇ 未确认融资费用作为长期应付款的备抵科目

◇ 合同资产减值准备作为合同资产的备抵科目

在编制财务报表的时候，需要注意备抵类科目贷方余额，譬如小明商贸公司账上"应收账款"二级科目借方：刘大妈 100 元总账，会计如果根据账龄分析或者其他情况对这 100 元计提坏账 60 元，则

借：信用减值损失   60

  贷：坏账准备——应收账款   60

账簿情况如下：

科目名称	期初余额		本期发生额		期末余额	
	借方	贷方	借方	贷方	借方	贷方
应收账款	100.00				100.00	
坏账准备	0.00			60.00		60.00
资产减值损失	0.00		60.00		60.00	

假设公司没有其他应收账款，那么财务报表资产负债表中"应收账款"列示的金额为 40 元。这和总账中应收账款金额不同。

虽然现在许多财务软件都已经提前设定好公式，自动出具报表，但理解这个原

理仍然很重要。

进一步分析刘大妈的这 100 元，财务有责任通知管理层或者经办人进行催缴，同时在账上进行反映，并根据情况计提坏账准备。

对于应收账款和其他应收款，执行《企业会计准则》的企业每年年度终了时，需对应收款项进行全面检查，预计各项应收款项可能发生的坏账损失，对预计不能收回的应收款项，应当计提坏账准备。

这种方法称为备抵法，也就是说需要通过"坏账准备"科目进行过渡。同时每年期末要对坏账损失进行估计。比如刘大妈欠小明 100 元，到年底还没有偿还，我们的会计就需要按照相应的方法计提坏账，视同该笔款项中有一部分不能收回。

> 备抵法是指采用一定的方法按期（至少每年末）估计坏账损失，提取坏账准备并转作当期费用。实际发生坏账时，直接冲减已计提的坏账准备，同时转销相应的应收账款余额的一种处理方法。

企业计提坏账准备的方法由企业自行确定。这种备抵法是一种让资产价值逐步减少的方法。采用这种方法，一方面通过按期估计坏账损失计入资产减值损失；另一方面设置"坏账准备"科目，待实际发生坏账时冲销坏账准备和应收账款金额，以使资产负债表上真实反映应收账款的净值。相关会计分录如下：

① 计提坏账准备时

借：资产减值损失

　　贷：坏账准备

② 发生坏账时

借：坏账准备

　　贷：应收账款

③ 冲销的应收账款又收回时

借：应收账款

　　贷：坏账准备

借：银行存款

　　贷：应收账款

对于坏账准备的计提方法，主要包括四种："余额百分比法""账龄分析法""销货百分比法"和"个别认定法"（图 4-10）。

图 4-10　计提坏账准备的方法

"坏账准备"是会计思维的重要体现，它能防患于未然，将不可收回账款的风险提早在账务上体现。

• 余额百分比法

顾名思义，余额百分比法是根据企业一个会计周期的期末应收账款余额的一定比例提取坏账准备。坏账百分比由企业根据以往的资料或经验自行确定。在余额百分比法下，企业应在每个会计期末，根据本期末应收账款余额和相应的坏账率估计出期末坏账准备账户应有的余额。它与调整前坏账准备账户已有的余额的差额，就是当期应提的坏账准备金额。

采用余额百分比法计提坏账准备的计算公式如下：

① 首次计提坏账准备的计算公式：

当期应计提的坏账准备 = 期末应收账款余额 × 坏账准备计提百分比

② 以后计提坏账准备的计算公式：

当期应计提的坏账准备 = 当期按应收账款计算应计提的坏账准备金额 +（或 -）坏账准备账户借方余额（或贷方余额）

举个例子

小明商贸公司 2019 年末应收账款余额为 800 000 元，企业根据风险特征估计坏账准备的提取比例为应收账款余额的 0.4%。2020 年发生坏账 4 000 元，该年末应收账款余额为 980 000 元。2021 年发生坏账损失 3 000 元，上年冲销的账款中有 2 000 元本年度又收回，该年度末应收账款余额为 600 000 元。假设坏账准备科目在 2019 年初余额为 0。

2019 年应提坏账准备 =800 000 × 0.4%=3 200（元）

根据上述计算结果应编制如下会计分录：

借：资产减值损失　　　　　　　　　　　　　　　　　　　　　3 200

　　　　贷：坏账准备　　　　　　　　　　　　　　　　　　　3 200

2020年发生坏账损失时，应编制如下会计分录：

　　借：坏账准备　　　　　　　　　　　　　　　　　　　4 000

　　　　贷：应收账款　　　　　　　　　　　　　　　　　　　4 000

2020年年末计提坏账前坏账准备账户的余额为：4 000-3 200=800（元）（借方）

　　而要使坏账准备的余额为贷方980 000×0.4%=3 920（元），则2020年应提坏账准备=3 920+800=4 720（元）（贷方）。

　　根据上述计算结果，应编制如下会计分录：

　　借：资产减值损失　　　　　　　　　　　　　　　　　4 720

　　　　贷：坏账准备　　　　　　　　　　　　　　　　　　　4 720

2021年发生坏账损失时，应编制如下的会计分录：

　　借：坏账准备　　　　　　　　　　　　　　　　　　　3 000

　　　　贷：应收账款　　　　　　　　　　　　　　　　　　　3 000

2021年收回已冲销的应收账款时，应编制如下会计分录：

　　借：应收账款　　　　　　　　　　　　　　　　　　　2 000

　　　　贷：坏账准备　　　　　　　　　　　　　　　　　　　2 000

　　借：银行存款　　　　　　　　　　　　　　　　　　　2 000

　　　　贷：应收账款　　　　　　　　　　　　　　　　　　　2 000

　　2021年年末计提坏账前坏账准备的金额为-800+4 720-3 000+2 000=2 920（元）（贷方）。

　　而要使坏账准备的余额为贷方600 000×0.4%=2 400（元）（贷方），则应冲销坏账准备2 920-2 400=520（元），即2021年应提坏账准备520元。

　　根据上述计算结果，应编制如下会计分录：

　　借：坏账准备　　　　　　　　　　　　　　　　　　　520

　　　　贷：资产减值损失　　　　　　　　　　　　　　　　　520

　　• 账龄分析法

　　这是一种根据应收账款账龄的长短来估计坏账损失的方法。通常而言，应收账款的账龄越长，发生坏账的可能性就越大。为此，将企业的应收账款按账龄长短进行分组，分别确定不同的计提百分比来估算坏账损失。这种方法使坏账损失的计算结果更符合客观情况。

采用账龄分析法计提坏账准备的计算公式如下：

（1）首次计提坏账准备的计算公式：

当期应计提的坏账准备 =∑（期末各账龄组应收账款余额 × 各账龄组坏账准备计提百分比）

（2）以后计提坏账准备的计算公式：

当期应计提的坏账准备 = 当期按应收账款计算应计提的坏账准备金额 +（或 -）坏账准备账户借方余额（或贷方余额）

举个例子

小明商贸公司坏账准备核算采用账龄分析法，对未到期、逾期半年内和逾期半年以上的应收账款分别按 1%、5%、10% 估计坏账损失。该公司 2021 年 12 月 31 日有关应收款项账户的年末余额如下。按照类似信用风险特征将这些应收款项划分为若干组合，具体情况如下：

账户	期末余额（元）	账龄
应收账款——A 公司	2 000 000（借方）	逾期 3 个月
其他应收款——B 公司	300 000（借方）	逾期 8 个月
预付账款——C 公司	200 000（借方）	未到期（不存在不可控风险，且无证据表明需转为其他应收款等情况）
应收票据——D 公司	1 000 000（借方）	未到期
预收账款——E 公司	400 000（借方）	逾期 6 个月

若公司"坏账准备"账户 2021 年年初贷方余额为 60 000 元，2021 年确认的坏账损失为 120 000 元，则小明商贸公司 2021 年 12 月 31 日计提坏账准备计入"资产减值损失"账户的金额为多少？

根据应收账款明细账户的借方余额合计数和预收账款明细账科目的借方余额合计数再加上其他应收款明细科目的借方余额合计数计提。

① 预收账款的借方余额具有应收账款的性质，要计提坏账准备。

② 企业的预付账款如有确凿证据表明其不符合预付账款性质，或者因供货单位破产、撤销等原因已无望再收到所购货物的，应当将原计入预付账款的金额转入

其他应收款，并按规定计提坏账准备。

③ 企业持有的未到期应收票据，如有确凿证据证明不能够收回或收回的可能性不大时，期末应考虑计提坏账准备。

综合以上分析，小明商贸公司 2021 年 12 月 31 日计提坏账准备计入"资产减值损失"账户的金额 =2 000 000×5%+300 000×10%+1 000 000×1%+400 000×10%+120 000-60 000=240 000（元）。

账龄分析法和余额百分比法一样，都在计提坏账准备时考虑了该账户原有的余额再做出调整。这两种方法都是从资产负债表的观点来估计坏账，注重的是期末坏账准备应有的余额，使资产负债表中的应收账款能更合理地按变现价值评价。但是，期末的应收账款并不都是本期的赊销产生的，可能含有以往年度销售产生的账款，采用这两种方法计算出的坏账费用就不能完全与本期的销售收入相配合。在实务上，账龄分析法也使得账务处理的成本有所提高。

• 销货百分比法

这是根据企业销售总额的一定百分比估计坏账损失的方法。该百分比按本企业以往实际发生的坏账与销售总额的关系，结合生产经营与销售政策变动情况测定。在实际工作中，企业也可以按赊销百分比来估计坏账损失。

采用销货百分比法计提坏账准备的计算公式如下：

当期应计提的坏账准备 = 本期销售总额（或赊销额）× 坏账准备计提比例

举个例子

小明商贸公司 2021 年赊销金额为 20 000 元，根据以往资料和经验，估计坏账损失率为 1%，2021 年初坏账准备账户余额为贷方 200 元。计算 2021 年应计提的坏账准备和 2021 年末坏账准备科目余额。

小明商贸公司 2021 年应计提的坏账准备为：20 000×1% = 200 元。

借：信用减值损失   200

  贷：坏账准备   200

2021 年末坏账准备科目余额为：200+200 = 400 元。

由此可以看出，采用销货百分比法，在决定各年度应提的坏账准备金额时，并不需要考虑坏账准备账户上已有的余额。从利润表的观点看，由于这种方法主要是根据当期利润表上的销货收入来估计当期的坏账损失，因此坏账费用与销货收入能较好地配合，比较符合配比概念。但是由于计提坏账时没有考虑到坏账准备账户以往原有的余额，如果以往年度出现坏账损失估计错误的情况就不能自动更正，资产负债表上的应收账款净额也就可能无法正确反映其变现价值。因此，采用销货百分比法还应该定期地评估坏账准备是否适当，及时做出调整，以便能更加合理地反映企业的财务状况。

- **个别认定法**

这是针对每项应收款项的实际情况分别估计坏账损失的方法。例如，公司通常是根据应收单位账款的5%来计算坏账，但如果某企业有明显还款困难的迹象，则可以对该企业的应收账款使用个别认定法按10%或其他比例计提坏账准备。

在同一会计期间内运用个别认定法的应收账款应从其他方法计提坏账准备的应收账款中剔除。

个别认定法区别于余额百分比法和销货百分比法的主要特点在于两个方面：一是对坏账准备计提的依据不再是销货总额或赊销总额，而是客户的信用状况和偿还能力；二是计提坏账准备的比率不再是对所有的欠款客户都用一个相同的比例，而是信用状况不同其适用的比率也不同。只要调查清楚每个客户的信用状况和偿还能力，再据此确定每个客户的计提比率和欠款数额，就能合理核算坏账准备。

企业对与关联方发生的应收款项一般不能全额计提坏账准备。但如果有确凿证据表明关联方（债务单位）已撤销、破产、资不抵债、现金流量严重不足等，并且不准备对应收账款进行重组或无其他收回方式的，则对预计无法收回的应收关联方的款项也可以全额计提坏账准备。

这里特别强调，如果企业执行小企业会计准则，则不需要计提坏账准备。

什么是《小企业会计准则》？

《小企业会计准则》适用于在中华人民共和国境内依法设立的、同时满足下列三个条件的企业（即小企业）：

（1）不承担社会公众责任

这里所称社会公众责任主要包括两种情形：

一是企业的股票或债券在市场上公开交易，如上市公司和发行企业债的非上市企业、准备上市的公司和准备发行企业债的非上市企业；

二是受托持有和管理财务资源的金融机构或其他企业，如非上市金融机构、具有金融性质的基金等其他企业（或主体）。

（2）经营规模较小

符合国务院发布的中小企业划型标准所规定的小企业标准或微型企业标准。

（3）既不是企业集团内的母公司，也不是子公司

企业集团内的母公司和子公司均应当执行《企业会计准则》。

经营规模较小的企业，可以按照《小企业会计准则》进行会计处理，也可以选择执行《企业会计准则》。选择执行《企业会计准则》的小企业，不得在执行《企业会计准则》的同时选择执行《小企业会计准则》的相关规定。

实务中，企业成立建账之初，就需要确定是采用《小企业会计准则》还是《企业会计准则》。前者有很多账务处理相对简单，但其严谨性并没有《企业会计准则》强。可以说《小企业会计准则》是《企业会计准则》的简化版。如果是在大企业做财务，一般都会采用《企业会计准则》。

4.7　应收票据的缓兵之计

小明经营情况实录

小明资金缺口最终通过一张银行承兑汇票的贴现解决了。陈老板用手中的汇票背书转给了小明。财务小白做如下账务处理：

借：应收票据　　　　　　　　　　　　　　　　500 000

　　贷：应收账款——陈老板　　　　　　　　　　　　500 000

小明商贸公司经与银行申请，对该汇票进行了贴现，并成功贴现47万元资金。

借：银行存款　　　　　　　　　　　　　　　　470 000

　　财务费用　　　　　　　　　　　　　　　　 30 000

　　贷：应收票据　　　　　　　　　　　　　　　　500 000

银行承兑汇票贴现时，借记收到的款项，贷记应收票据，差额借记或贷记财务费用。

贴现一般情况下会有利息支出，如果该汇票有票面利率，在票面利息大于贴现利息时，就会产生利息收入，否则仍会产生利息支出。所以贴现时收到的款项与应

收票据票面金额（入账金额）是不相等的，其差额实际上属于融资行为的利息，根据会计准则，应该计入财务费用。

分录为：

借：银行存款（实际收到的款项）

　　财务费用（差额）

　　贷：应收票据（票面金额）

一句话经典

汇票的本质其实就是一种延期支付。

现在大部分企业都使用电子汇票。在操作时，需要在银行开设电子汇票账户，用于汇票的转入、转出以及贴现等业务。

汇票是依靠自身信用做的延期支付，是一种载有一定付款日期、付款地点、付款金额和付款人的无条件支付的流通证券，也是一种可以由持票人自由转让给他人的债权凭证。根据我国现行法律的规定，商业汇票的付款期限不得超过 6 个月，符合条件的商业汇票的持票人，可以持未到期的商业汇票和贴现凭证向银行申请贴现。

通过票据进行融资，具有融资简便、周转速度快、成本低等优点，而经过银行承兑的汇票更是提高了信誉度，成为企业短期融资的主要工具。

汇票的分类有两种方式（图 4-11）：

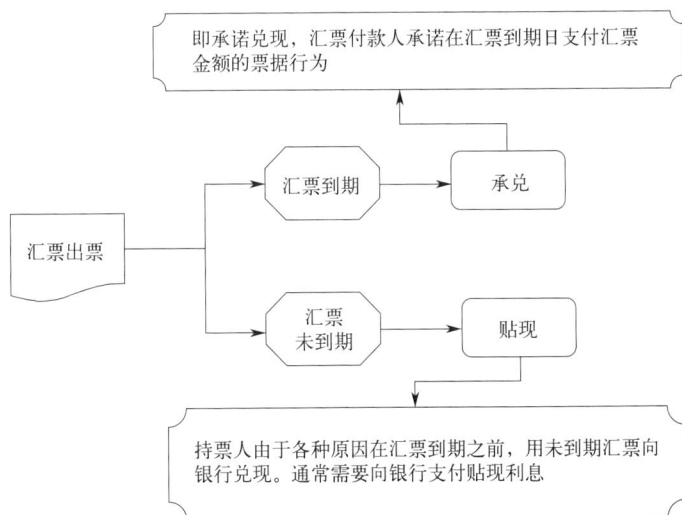

图 4-11　汇票出票流程

① 按承兑人不同，分为商业承兑汇票和银行承兑汇票；

② 按其是否附息，分为附息商业汇票和不附息商业汇票。

小明商贸公司目前收到的正是陈老板转来的未到期的银行承兑汇票。银行承兑汇票更容易办理贴现业务，也就是说，银行承兑汇票可以迅速变现，虽然中间会损失一些手续费。

银行承兑汇票是由付款人委托银行开具的一种延期支付票据，票据到期银行具有见票即付的义务。票据最长期限为六个月，且在票据期限内可以进行背书转让。由于有银行担保，所以银行对委托开具银行承兑汇票的单位有一定要求，一般情况下会要求企业存入票据金额等值的保证金至票据到期时解付，也有些企业向银行存入票据金额百分之几十的保证金，这种情况下银行需要向企业做银行承兑汇票授信并在授信额度范围内使用信用额度，如果没有银行授信则没有开具银行承兑汇票的资格。

商业承兑汇票是由出票人签发的，委托付款人在指定日期无条件支付确定的金额给收款人或者持票人的票据。商业承兑汇票是由银行以外的付款人承兑，因此风险相对大一些。

应收票据还有一种情况，那就是带息的应收票据。这种票据核算要通过一个公式来计算出票据利息。

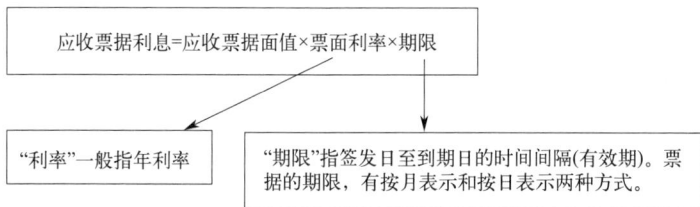

应收票据利息=应收票据面值×票面利率×期限

"利率"一般指年利率

"期限"指签发日至到期日的时间间隔(有效期)。票据的期限，有按月表示和按日表示两种方式。

当票据期限按月表示时，应以到期月份中与出票日相同的那一天为到期日，如4月5日签发的为期两个月的票据，到期日应为6月5日。如果是月末签发的票据，不论月份大小，均以到期月份的月末那一天为到期日。与此同时，计算利息使用的利率应换算成月利率（年利率÷12）。

当票据期限按日表示时，应从出票日起按实际经历天数计算。通常出票日和到期日只能计算其中的一天，即"算头不算尾"或"算尾不算头"。例如，6月29日签发的为期70天的票据，其到期日应为9月7日（6月份2天，7月份31天，8

月份 31 天，9 月份 6 天）。与此同时，计算利息使用的利率，应换算成日利率（年利率 ÷360 天）。

举个例子

盛发公司 2019 年 6 月 1 日向 A 公司销售一批商品，价款 200 000 元，增值税 26 000 元。商品已交付 A 公司，该商品成本为 150 000 元。当日盛发公司收到 A 公司开出并由银行承兑的商业汇票，面值 226 000 元，期限 6 个月。10 月 1 日，盛发公司向 B 公司采购原材料，价款 190 000 元，增值税 24 700 元，材料已验收入库，B 公司发货时代垫运费 1 700 元。当日，盛发公司将持有的 A 公司商业汇票背书转让给 B 公司，差额部分用银行存款结算。

借：应收票据	226 000
贷：主营业务收入	200 000
应交税费——应交增值税（销项税额）	26 000
借：主营业务成本	150 000
贷：库存商品	150 000

票据本身具有背书的功能，也就是说票据可以背书转让出去。我们可以将其理解为自己的资产。当购入原材料的时候，若没有直接支付银行存款，那就以失去这项资产为代价，换取另一项资产。所以应收票据放在贷方，失去了对票据的兑现权利，取而代之购买了原材料。

借：原材料	191 700
应交税费——应交增值税（进项税额）	24 700
银行存款	9 600
贷：应收票据	226 000

4.8　应收款的家族成员还有很多

小明经营情况实录

小明商贸公司仓库管理员上班时间抽烟，导致消防报警器报警。公司对该名员工进行了批评，同时因消防报警系统重置产生 500 元费用要求该员工进行赔偿。

该决定作出的日期是 5 月 29 日，员工缴纳赔偿款的时间是 6 月 4 日。

5 月 29 日决定作出后，财务部门会根据公司决定进行账务处理：

借：其他应收款——某员工　　　　　　　　　　　　　　500

　　贷：营业外收入　　　　　　　　　　　　　　　　　　500

6 月 4 日该员工将款项支付给公司后，财务部门做账如下：

借：银行存款　　　　　　　　　　　　　　　　　　　500

　　贷：其他应收款　　　　　　　　　　　　　　　　　　500

在这里不会使用"应收账款"这一会计科目。应收账款是企业因销售商品、提供服务而形成的债权（包括为购买方垫付的运杂费等）。而其他应收款是指在商品交易以外，或理解为正常经营业务之外发生的各种应收、暂付款项。二者的核算范围有明显区别，如图 4-12 所示。

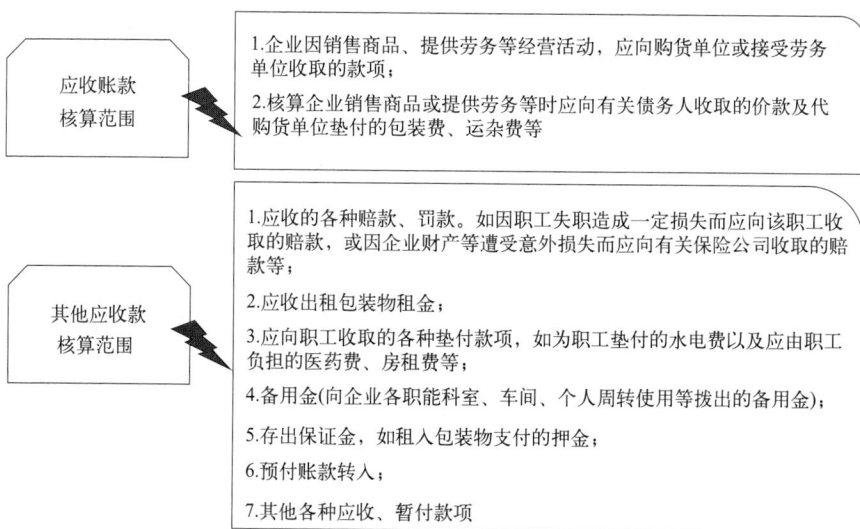

应收账款核算范围
1.企业因销售商品、提供劳务等经营活动，应向购货单位或接受劳务单位收取的款项；
2.核算企业销售商品或提供劳务时应向有关债务人收取的价款及代购货单位垫付的包装费、运杂费等

其他应收款核算范围
1.应收的各种赔款、罚款。如因职工失职造成一定损失而应向该职工收取的赔款，或因企业财产等遭受意外损失而应向有关保险公司收取的赔款等；
2.应收出租包装物租金；
3.应向职工收取的各种垫付款项，如为职工垫付的水电费以及应由职工负担的医药费、房租费等；
4.备用金(向企业各职能科室、车间、个人周转使用等拨出的备用金)；
5.存出保证金，如租入包装物支付的押金；
6.预付账款转入；
7.其他各种应收、暂付款项

图 4-12　应收账款和其他应收款核算范围

🏃 一句话经典

其他应收款是"应收账款"的补充，收纳了一些非正常经营所产生的"其他"类应收债权。

应收账款 ⟹ 主营以及其他业务收入

其他应收款 ⟹ 经营过程中非业务类收入

应收款项是个笼统的概念。实际上可以称为"应收"的款项有很多，比如财务报表中的应收账款、其他应收款、应收股利、应收利息、长期应收款以及应收票据等，这些都可以总称为应收款项。其中，长期应收款以及时间超过一年的应收票据都属于非流动资产，不过它们的性质都属于应收款项类。

（1）应收股利

应收股利是指企业因股权投资而应收取的现金股利以及应收其他单位的利润，包括企业股票实际支付的款项中所包括的已宣告发放但尚未领取的现金股利和企业对外投资应分得的现金股利或利润等，但不包括应收的股票股利。

举个例子

投资方召开股东大会，决定对上年利润进行分配，投资方 A 可以分得的现金股利为 100 万元。但该股利尚未支付。

投资方 A 的会计需要根据股东大会的决议作为入账依据，然后凭此进行做账：

借：应收股利　　　　　　　　　　　　　　　　　　　　1 000 000

　　贷：投资收益　　　　　　　　　　　　　　　　　　1 000 000

（2）预付账款

预付账款是指企业按照购货合同的规定，预先以货币资金或货币等价物支付供应单位的款项。在日常核算中，预付账款按实际付出的金额入账，如预付的材料、商品采购货款或必须预先发放的在以后收回的农副产品预购定金等。对购货企业来说，预付账款是一项流动资产。预付账款一般包括预付的货款、预付的购货定金。施工企业的预付账款主要包括预付工程款、预付备料款等。

预付账款账务处理相对简单：

① 企业因购货而预付的款项，借记"预付账款"科目，贷记"银行存款"科目。

② 收到所购物资时，根据发票账单等列明的应计入购入物资成本的金额，借记"在途物资"或"原材料""库存商品"等科目，按专用发票上注明的增值税额，借记"应交税费——应交增值税（进项税额）"科目，按应付金额，贷记"预付账款"科目。

③ 补付的款项，借记"预付账款"科目，贷记"银行存款"科目。

④ 退回多付的款项，借记"银行存款"科目，贷记"预付账款"科目。

预付款项情况不多的企业，也可以将预付的款项直接记入"应付账款"科目的借方，而不设置"预付账款"科目。

4.9 炒股难不难？

小明经营情况实录

小明一次和朋友闲聊，感叹"钱生钱"是一种非常不错的尝试。他的朋友和他讲，开水果店，是将钱变成水果，再换回钱；搞生产，则是用钱购买原料，支付加工成本后变成库存商品，再由库存商品变成钱，过程比贸易类公司还要复杂。而投资股票不同，它是直接将钱当作"存货"，用钱换钱。

最近小明商贸公司账上有一些闲置资金，他也想尝试一下"钱生钱"，于是决定在可承受的范围内购入一些股票。

出纳与开户银行、证券公司签订了委托协议，开设投资账户后，小明商贸公司于 11 月 2 日购入股票 2 000 股，每股 9 元，共计支出 18 000 元。11 月最后一个交易日每股价格为 8 元。

11 月 2 日购入股票

借：交易性金融资产——成本   18 000

    贷：银行存款   18 000

11 月月底按照公允价值对交易性金融资产进行账务处理：

借：公允价值变动损益   2000

    贷：交易性金融资产——损益调整   2 000

很多股票专家预测最佳买点，但实际上真正的炒股高手不是会买，而是会卖。许多股民都经历了股价的"过山车"，在高点时，持有者看着市值而希望会有更高的高点出现。但是当股价下跌的时候又犹豫不决，错过了卖出的时机。即使股价反弹了，又因不舍得卖出而陷入被动。

其实从会计的角度讲，对于这类以公允价值计量且其变动计入当期损益的交易性金融资产，我们始终以历史的角度来审视当前的价值。

一句话经典

不要迷恋股票现在的账面市值，真正属于你的价值决定于最后出手股票的那一刻。

"交易性金融资产"项目，反映企业持有的以公允价值计量且其变动计入当期损益的为交易目的而持有的债券投资、股票投资等。根据"交易性金融资产"账户的期末余额填列。

交易性金融资产的核算方式

取得时初始计量	以公允价值计量且其变动计入当期损益的金融资产初始确认时，应当按照公允价值计量，相关交易费用计入当期损益。实际支付的价款中包含的已宣告但尚未领取的现金股利或已到付息期但尚未领取的债券利息，应当单独确认为应收项目
持有期间后续计量	持有期间有两件事：取得股利、利息和期末按公允价值计量。 （1）持有期间取得的现金股利，计入投资收益；持有期间取得的利息收入，也计入投资收益； （2）对于按照公允价值计量且其变动计入当期损益的金融资产，其公允价值变动形成的利得或损失，计入当期损益
处置	处置以公允价值计量且其变动计入当期损益的金融资产时，应将所取得的价款与以公允价值计量且其变动计入当期损益的金融资产账面价值之间的差额计入当期损益

举个例子

盛发公司有关以公允价值计量且其变动计入当期损益的金融资产交易情况如下：

① 2021 年 3 月 5 日，盛发公司从证券市场购入股票 100 万元，发生相关手续费、税金 0.2 万元，作为以公允价值计量且其变动计入当期损益的金融资产，相关账务处理为：

借：交易性金融资产——成本   1 000 000

  投资收益   2 000

  贷：银行存款   1 002 000

② 2021 年 3 月 30 日，该股票收盘价为 108 万元，相关账务处理为：

借：交易性金融资产——公允价值变动   80 000

  贷：公允价值变动损益（未实现收益）   80 000

（2021 年 3 月底，资产负债表列示"交易性金融资产"为 108 万元）

③2021 年 6 月 15 日处置该股票，收到 110 万元，相关账务处理为：

借：银行存款　　　　　　　　　　　　　　　　　　1 100 000

　　公允价值变动损益　　　　　　　　　　　　　　　　80 000

　　贷：交易性金融资产——成本　　　　　　　　　　　　1 000 000

　　　　交易性金融资产——公允价值变动　　　　　　　　　80 000

　　　　投资收益（110 万元 -100 万元）（已实现收益）　　100 000

答会计问（职场篇）

问：会计的未来在哪里？会计人晋升、晋级的关键所在是什么？

答：会计职业发展首先需要通过各类资格考试，虽然证书不一定能直接代表工作能力，但如没有相关证书则往往很难获得职业发展的机会。比如想成为企业财务负责人或财务总监，那么中级会计职称证书是必须具备的。

目前，财务会计领域"含金量"较高的证书包括：注册会计师证书、税务师证书、中高级会计职称证书等。此外，诸如管理会计类的证书，也有一定的价值。

有了一些证书储备，才能为未来发展打下基础。所以考证和持续学习是会计人的必修课。

尤其近年来会计准则不断修订完善，税务法规也在变化，为了不落后于时代，会计人员需要不断学习，自律是能否进步的关键。

第5章

像结了冰一般
的非流动资产

　　资产的两大分类以流动性为标准，一年内如果可以变现，视为流动资产，如果超过一年变现，则属于非流动资产。非流动资产好比是结了冰的资产，运转的速度很慢，比如固定资产，购入它的目的是用于生产或创造更大的价值，而不是直接销售以赚取差价。本章主要介绍非流动资产中的"三产"和"长期应付款"等一些常用科目。其中"三产"为固定资产、无形资产和投资性房地产。

5.1 看得见 摸得着 用得久——固定资产

对于非流动资产，最常见的是固定资产。固定资产在持续经营过程中变现的速度很慢。固定资产是一种被利用的有形资产，例如科技研发公司购买计算机，他们需要通过计算机进行研发活动，而非买了计算机再去销售赚取差价。

> 购入计算机，再去销售，赚取差价。这类公司是商贸公司，购入计算机时计入会计科目"库存商品"借方。存货的变现能力很快，因此计入流动资产。
>
> 购入计算机，用于研发或生产活动。这类公司一般是生产型或科技类公司，通常购入的计算机计入"固定资产"科目借方。固定资产使用寿命都会超过一年，变现能力一般，因此计入非流动资产中。

因此，认清固定资产需要从其概念去理解。购置计算机的用途不同，对其计入的会计科目也会不同。

在会计准则中，固定资产是同时具有下列特征的有形资产：

① 为生产商品、提供劳务、出租或经营管理而持有的；

② 使用寿命超过一个会计年度。

既然将其定义为公司的固定资产，其存在的意义就是可以直接或者间接给公司带来经济利益的流入，同时还需要有可靠的计量，只有这些条件都满足后，才能反映在公司账上。持有的目的是用于生产、提供劳务、出租或经营管理，而非销售或者其他事项。

比如小明将公司名下车辆直接过户给了他的妻子，而小明每天用这辆车接送孩子，那么该车就不可能计入公司的固定资产。

明确固定资产定义后，会计人员需要围绕固定资产相关业务进行相应的账务处理。这里先了解固定资产的取得方式，主要包括三种，如图5-1所示。

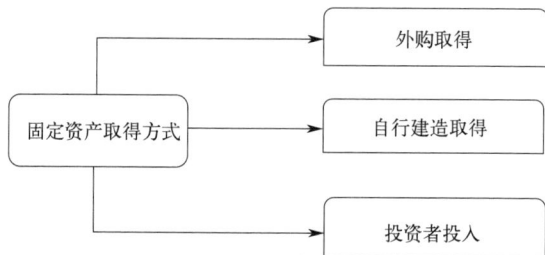

图 5-1　固定资产取得方式

（1）外购取得固定资产

外购固定资产的成本，包括购买价款、相关税费以及使固定资产达到预定可使用状态前所发生的可归属于该项资产的运输费、装卸费、安装费和专业人员服务费等。

举个例子

盛发公司购入不需要安装的固定资产，设备的不含税价格为 10 万元，发票注明增值税进项税额为 1.3 万元，同时发生运杂费 0.5 万元，盛发公司通过银行转账支付。

借：固定资产　　　　　　　　　　　　　　　　　　　105 000

应交税费——应交增值税（进项税额）　　　　　　　13 000

贷：银行存款　　　　　　　　　　　　　　　　　　　　　118 000

以一笔款项购入多项没有单独标价的固定资产，应当按照各项固定资产公允价值比例对总成本进行分配，分别确定各项固定资产的成本。在实务中，该类情况并不常见。即便存在这种情况，也需要对各项固定资产公允价值进行较为准确的确定，或者是从销售方获取更明确的单独价值或者是通过分摊比例，以确保单独固定资产的价值。

对于一些大型设备，销售方允许购买方分期付款。比如，航空公司购买飞机，飞机的销售价格是 1 亿元，航空公司无法一次性支付全款。飞机制造商允许航空公司分 4 年支付，每年支付 2 500 万元。这种情况下，对于航空公司而言，该交易具有融资性质。融资是企业筹集资金的一种行为。

从融资的角度考虑，航空公司如果资金紧缺，暂时无法一次性支付 1 亿元。此时航空公司可以考虑多种筹资渠道，比如向银行贷款或者向其他金融机构贷款。但飞机制造商为了促成这笔交易，往往允许航空公司分期付款。从某种程度上讲，飞机制造商成了隐含的债权人，而航空公司则是潜在的债务人，为了购买飞机而向销售方筹集资金。该交易的支付方式具有融资的性质。

结合财务管理中资金时间价值的概念，以该方式购入固定资产时，购买方在计入固定资产成本的时候需要考虑现值。固定资产的成本应以购买价款的现值为基础确定。

（2）自行建造取得

自行建造固定资产的成本，由建造该项资产达到预定可使用状态前所发生的必要支出构成。自行建造的固定资产通常是大型设备或房屋建筑物。

举个例子

盛发公司自行建造一栋仓库（不动产），建造期间发生下列经济业务：

第一阶段为采购工程用物资阶段

购入为工程准备的物资一批，不含税价格为 30 万元，增值税额 3.9 万元，保险费 0.35 万元，该物资款及保险费由盛发公司以银行存款支付。

借：工程物资	303 500
应交税费——应交增值税（进项税额）	39 000
贷：银行存款	342 500

注：2019 年 4 月 1 日后购入的不动产，其进项税额纳税人可在购进当期一次性予以抵扣。2019 年 4 月 1 日前购入的不动产，还没有抵扣的进项税额的 40% 部分，从 2019 年 4 月所属期开始，允许全部从销项税额中抵扣。纳税人将待抵扣的不动产进项税额转入抵扣时，需要一次性全部转入。

第二阶段为投入建设阶段

投入建设阶段领用工程物资 30.35 万元。

借：在建工程——仓库	303 500
贷：工程物资	303 500

计算应付自营工程人员工资 10 万元。

借：在建工程——仓库	100 000
贷：应付职工薪酬	100 000

第三阶段为完工转固定资产

借：固定资产——仓库	403 500
贷：在建工程——仓库	403 500

（3）投资者投入取得固定资产

投资者投入固定资产的成本，应当按照投资合同或协议约定的价值确定，但合同或协议约定价值不公允的除外。

举个例子

盛发公司收到 A 公司投入的固定资产一台，该固定资产如果销售，含税售价为 10 万元，增值税为 11 504.42 元。经协商，该资产投入后全额作为公司增资部分。有关会计分录如下：

借：固定资产   88 495.58

应交税费——应交增值税（进项税额）   11 504.42

贷：实收资本   100 000

无论是手工账时代，还是现在的电子账，固定资产入账后，还需要建立固定资产卡片。固定资产卡片上的栏目包括：类别、编号、名称、规格、型号、建造单位、年月、投产日期、原始价值、预计使用年限、折旧率、存放地点、使用单位、大修理日期和金额，以及停用、出售、转移、报废清理等内容。

固定资产卡片类似固定资产的"户口簿"，记录固定资产的详细信息。

卡片编号 0000000083	资产编码 20030400900000048	条形码	资产名称 空调
型号	规格 KFR-50GW	资产类别 其他安全设备	增加方式 调入
使用状况 在用	存放地点 五会	项目档案	资产组
折旧承担部门 使用部门	管理部门 综合管理部	□多使用部门	使用部门 综合管理部
使用人	币种 人民币	折本汇率 0.00	原币原值 3,250.00
购买价款 0.00	数量 1	开始使用日期 2006-02-01	保修截止日期
建卡日期 2018-11-22			
财务区			
折旧方法 平均年限法(一)	使用月限 9年0月	已计提期数 108	工作总量 0.00
累计工作量 0.00	工作量单位	本年原值 3,250.00	累计折旧 3,087.50
净值 162.50	减值准备 0.00	净额 162.50	净残值率 5.000000
净残值 162.50	月折旧率% 0.000000	月折旧额 0.00	单位折旧 0.000000

5.2 岁月的磨痕——固定资产折旧

手机使用非常频繁，其更新换代也很快。有时手机用 2 年就要换新，如果使用时间再长一些，5 年肯定也得换。如果买了一台不错的手机，原价 5 000 元，2 年后不想再用了，则手机每年折旧下来是 2 500 元。这 2 500 元就是会计上的折旧费用。

个人消费不同于公司经营，公司更需要考虑成本、产出、收入的关系。公司经营中每笔账都必须清楚明了，比如购入一台大型设备花费 100 万元，使用 5 年，假设残值为 0，那么每年平摊的折旧费用是 20 万元。对于生产企业而言，这是一项固定成本。即使每年计算折旧的时候并没有现金流出，但直接影响产成品的成本核算以及未来的报表利润。

固定资产折旧是权责发生制下准确体现当期成本或费用的一种资产后续确认方式。同理，无形资产、生产性生物资产以及采用成本法计量的投资性房地产都有这种情况。

影响固定资产折旧的因素主要有四点：折旧基数、资产净残值、资产使用年限以及折旧方法（图5-2）。

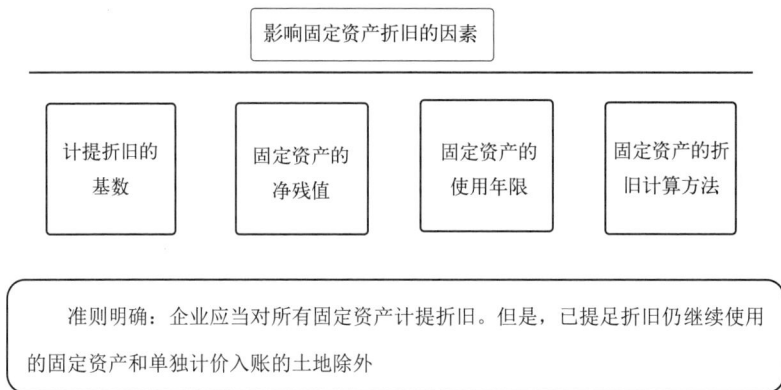

图 5-2 影响固定资产折旧的因素

（1）计提折旧的基数

一般以固定资产的原价作为计提依据，但选用双倍余额递减法计提折旧的企业，以固定资产的账面净值作为计提依据。

（2）净残值

净残值是指固定资产使用期满后，残余价值减去应支付的固定资产清理费用后的那部分价值。

固定资产净残值 = 固定资产报废时预计可以收回的残余价值 - 预计清理费用

固定资产净残值 = 固定资产原值 × 预计残值率

（3）使用年限

《中华人民共和国企业所得税法实施条例》中第六十条规定：

"除国务院财政、税务主管部门另有规定外，固定资产计算折旧的最低年限如下：

（一）房屋、建筑物，为20年；

（二）飞机、火车、轮船、机器、机械和其他生产设备，为10年；

（三）与生产经营活动有关的器具、工具、家具等，为5年；

（四）飞机、火车、轮船以外的运输工具，为4年；

（五）电子设备，为 3 年。"

（4）折旧方法

折旧方法包括两大类，一类是加速折旧法，另一类是使用最为普遍的平均折旧法。每一类又细分为两种，如图 5-3 所示。

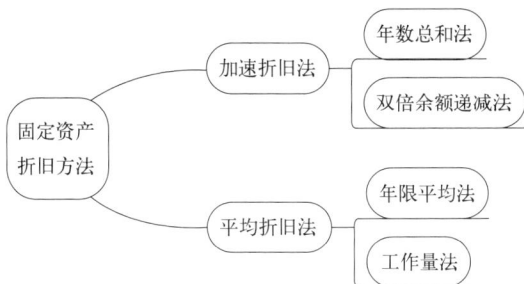

图 5-3　固定资产折旧方法

企业应根据与固定资产有关的经济利益的预期实现方式，合理选择固定资产折旧方法。固定资产的折旧方法一经确定，不得随意变更（图 5-4）。

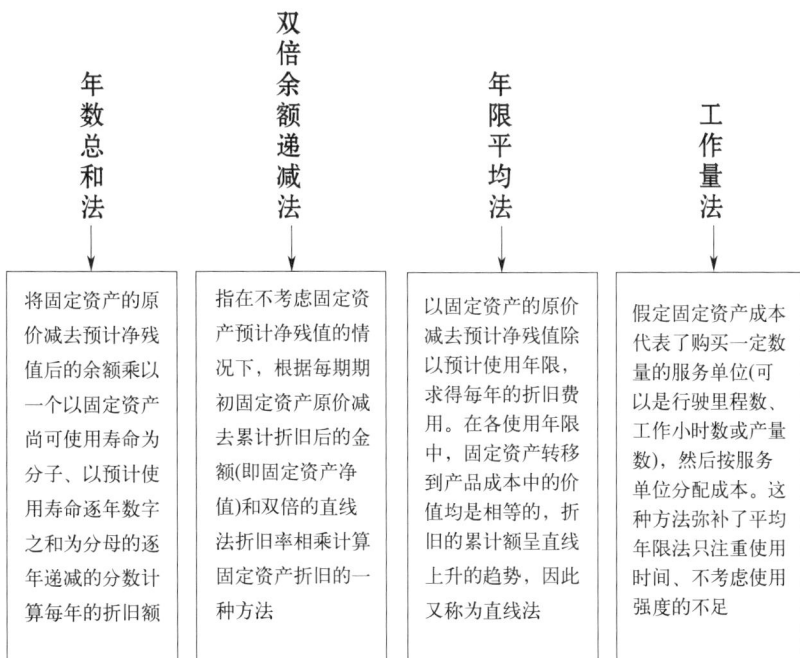

年数总和法	双倍余额递减法	年限平均法	工作量法
将固定资产的原价减去预计净残值后的余额乘以一个以固定资产尚可使用寿命为分子、以预计使用寿命逐年数字之和为分母的逐年递减的分数计算每年的折旧额	指在不考虑固定资产预计净残值的情况下，根据每期期初固定资产原价减去累计折旧后的金额（即固定资产净值）和双倍的直线法折旧率相乘计算固定资产折旧的一种方法	以固定资产的原价减去预计净残值除以预计使用年限，求得每年的折旧费用。在各使用年限中，固定资产转移到产品成本中的价值均是相等的，折旧的累计额呈直线上升的趋势，因此又称为直线法	假定固定资产成本代表了购买一定数量的服务单位（可以是行驶里程数、工作小时数或产量数），然后按服务单位分配成本。这种方法弥补了平均年限法只注重使用时间、不考虑使用强度的不足

图 5-4　固定资产折旧方法解释

- **年限平均法**

> 年折旧率 =（1-预计净残值率）÷ 预计使用寿命（年）×100%
>
> 月折旧率 = 年折旧率 ÷12
>
> 月折旧额 = 固定资产原价 × 月折旧率

最为常见的折旧方法当属年限平均法。此外，对于一些生产型企业，对生产机器的折旧会采用工作量法。

例如，用 5 200 元买了一台手机，5 年后处理的话可以卖 200 元。那么折旧额就是 5 000 元，年折旧额即：5 000÷5=1 000 元。

如果平摊到每个月，即：1 000÷12=83.33 元。

- **工作量法**

工作量法是根据固定资产在使用期间完成的总工作量平均计算折旧的一种方法。其计算公式为：

> 单位工作量折旧额 =（固定资产原值 - 预计净残值）÷ 预计总工作量
>
> 月折旧额 = 单位工作量折旧额 × 当月实际完成工作量

2021 年 12 月盛发公司购入一辆汽车，原价 320 000 元，预计净残值 20 000 元。预计行驶 30 万公里，采用工作量法计提折旧。

2022 年 3 月，该车行驶了 2 000 公里。则：

2022 年 3 月应计提折旧额 =（固定资产原值 - 预计净残值）÷ 预计总工作量 × 当月实际完成工作量 =（320 000-20 000）÷300 000×2 000=2 000（元）

采用该方法进行折旧一般适用于大型生产机械设备，而且生产产品的数量都可以准确计量。

- **年数总和法**

年数总和法是以固定资产的原值减去预计净残值后的净额为基数，以一个逐年递减的分数为折旧率，计算各年固定资产折旧额的一种折旧方法。计算公式为：

> 年折旧率 = 尚可使用年限 ÷ 预计使用年限的逐年数字总和
>
> 年折旧额 =（固定资产原值 - 预计净残值）× 年折旧率

2021 年 12 月，盛发公司购入一辆汽车，原价 320 000 元，预计净残值 20 000 元，预计使用年限 5 年，采用年数总和法计提折旧，如表 5-1 所示。

表 5-1　固定资产折旧计算表（年数总和法）　　　　单位：元

年份	原值－预计净残值	年折旧率	年折旧额	累计折旧额	期末账面净值
1	300 000	5/15	100 000	100 000	220 000
2	300 000	4/15	80 000	180 000	140 000
3	300 000	3/15	60 000	240 000	80 000
4	300 000	2/15	40 000	280 000	40 000
5	300 000	1/15	20 000	300 000	20 000

● 双倍余额递减法

双倍余额递减法是加速折旧法的一种，它是按直线法折旧率的两倍，乘以固定资产在每个会计期间的期初账面净值计算折旧的方法。其计算公式为：

年折旧率（双倍直线折旧率）=2÷预计使用年限 ×100%

年折旧额 = 期初固定资产账面净值 × 双倍直线折旧率

应注意的是，在固定资产预计使用年限到期前两年应转换成直线法。

2021 年 12 月，甲公司购入一辆汽车，原价 320 000 元，预计净残值 20 000 元，预计使用年限 5 年，采用双倍余额递减法计提折旧，如表 5-2 所示。

表 5-2　折旧计算表（双倍余额递减法）　　　　单位：元

年次	年初账面净值	折旧率	折旧额	累计折旧额	期末账面净值
1	320 000	40%	128 000	128 000	192 000
2	192 000	40%	76 800	204 800	115 200
3	115 200	40%	46 080	250 880	69 120
4	69 120	—	24 560	275 440	44 560
5	44 560	—	24 560	300 000	20 000

注：年折旧率 =2÷5×100%=40%；第 4 年折旧额＝（69 120–20 000）÷2=49 120÷2=24 560（元）。

知识延伸：税会差异是什么？

在实务中，财务新人常常会被税会不一致的问题困扰。税会不一致是指税法法规要求与财务人员按照会计准则做账时，二者存在的差异。尤其是在处理企业所得税汇算清缴的时候，税会差异需要进行调整。这里并不是说会计做账存在错误，而是财务人员需要根据企业所得税法及相关实施条例等要求进行符合法规要求的纳税调整。这种差异分为永久性差异和暂时性差异，差异的部分需要体现在所得税申报表中。

根据财税〔2018〕54 号文的规定，近几年企业新购进的、单位价值不超过 500 万元的设备、器具可以一次性税前扣除。因此，会计依然需要对固定资产的折旧方法进行掌握，以适应会计准则和相关税法的要求。

比如固定资产的折旧问题，会计对一台生产用机器设备按照 5 年进行折旧，但是该设备符合最新税法政策规定，准许一次性税前扣除。这个时候虽然我们财务做账分 5 年计提折旧，但在进行所得税汇算清缴的时候，第一年就对该设备全额折旧进行了税前扣除。以后年度，税会差异财务会通过递延所得税进行账面反映，以保证这种暂时性差异的存在。每年进行所得税申报的时候，也会在所得税申报表中相应的附表中进行填写，以应对这种税会差异。

计入"固定资产"会计科目中的企业固定资产，都是需要进行折旧的，除非有如图 5-5 所示的两种情况。

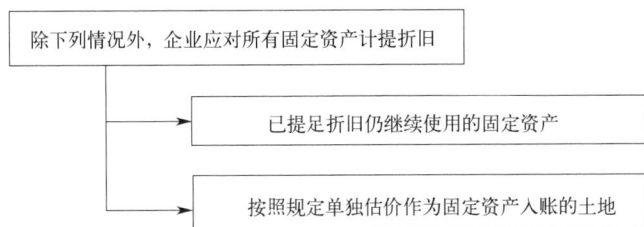

图 5-5　固定资产的折旧范围

此外，提前报废的固定资产和以经营租赁方式租入的固定资产以及以融资租赁方式租出的固定资产都不再认定为企业的固定资产，自然也就不会进行折旧。

企业固定资产应当按月计提折旧。当月增加的固定资产，当月不提折旧，从下月起计提折旧；当月减少的固定资产，当月仍提折旧，从下月起停止计提折旧；对于提前报废的固定资产，不再补提折旧。

固定资产折旧的特殊情况

① 已达到预定可使用状态的固定资产，如果尚未办理竣工决算，应当按照估计价值暂估入账，并计提折旧。待办理了竣工决算手续后，再按照实际成本调整原来的暂估价值，不需要调整原已计提的折旧额。当期计提的折旧作为当期的成本、费用处理。

② 处于更新改造过程停止使用的固定资产，应将其账面价值转入在建工程，不再计提折旧。待更新改造项目达到预定可使用状态转为固定资产后，再按照重新确定的折旧方法和该项固定资产的尚可使用寿命计提折旧。

③ 因进行大修理而停用的固定资产，应当照提折旧，计提的折旧额应计入相关资产成本或当期损益。

5.3 用其千日 终有一别——固定资产报废和转让

小明经营情况实录

小明商贸公司的各个直营店结算收费机器频繁出现问题。经过多次维修，设备依然不稳定。小明决定将各门店柜台结算机进行报废处理，并重新购置一套新的结算机器。在处理该批结算机时，由于其过于老化，已没有任何残值可回收。

这些结算机当初购买的时候每台是 3 000 元，已使用 5 年，也已经全额计提折旧。当时预估的残值也为 0。

我们之前说固定资产属于非流动资产，变现的速度很慢。小明商贸公司各个直营店的柜台结算机即使有残值，也是要使用多年以后才可以变卖，收回一些资金。非流动资产变现速度着实很慢。

固定资产都有老化的一天，机器越老化，越意味着将要被淘汰。会计准则明确，固定资产满足下列条件之一时，应当予以终止确认：

① 该固定资产处于处置状态；

② 该固定资产预期通过使用或处置不能产生经济利益。

也就是说，此时的固定资产将不能在会计科目"固定资产"中存在，当然在登记总账的时候"固定资产"也不能存在。

企业在出售、转让、报废固定资产或发生固定资产毁损时，处置分为四步：将固定资产转入清理、反映清理费用、反映清理收入、将固定资产清理损益转入当期损益。

（1）固定资产报废和损毁

固定资产的减少在财务上也有严格的做账程序。大致流程是根据固定资产的处理程序而进行。每一步都要与事实一致，账务处理不可以提前，也不可以错后业务的实际发生时间（见图5-6）。

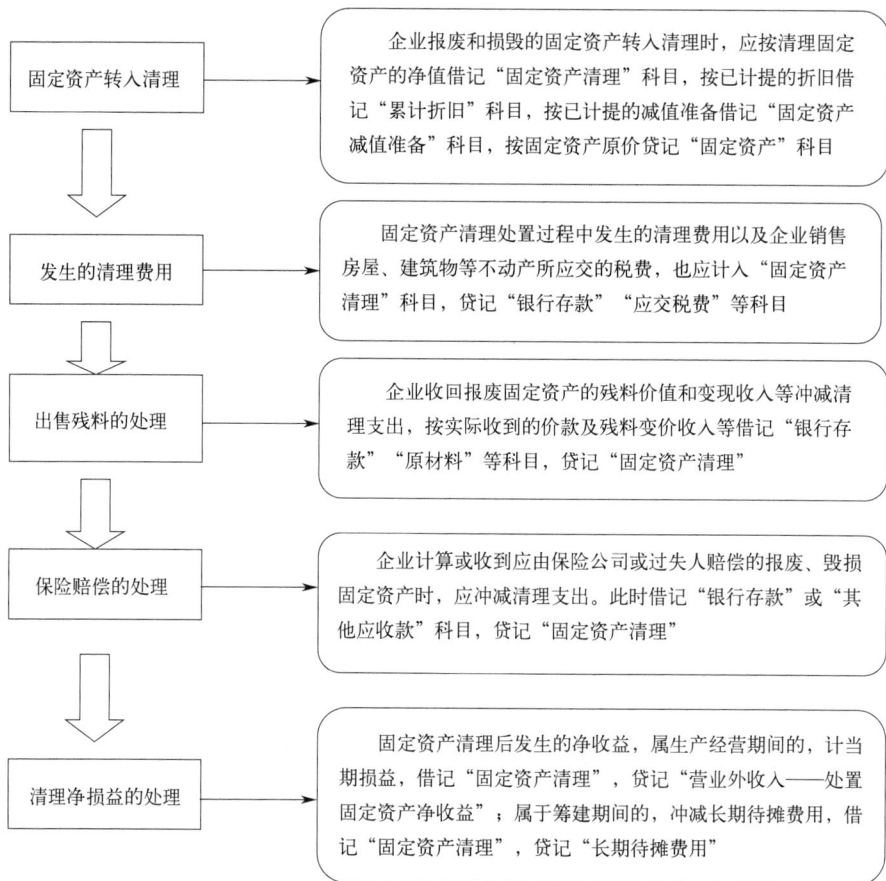

图5-6　处理报废和损毁固定资产的做账程序

举个例子

盛发公司有旧厂房一栋，原值为80 000元，预计净残值为2 500元，预计使用年限为10年，现已使用11年，由于不能使用而报废，报废时残料计价2 700元，以银行存款支付清理费4 000元，另一部分变卖收入4 000元存入银行。编制会计分录如下：

① 固定资产转入清理（累计折旧总额=80 000-2 500=77 500）

借：固定资产清理　　　　　　　　　　　　　　　　　2 500

累计折旧（转出）	77 500
贷：固定资产	80 000

② 支付清理费

借：固定资产清理	4 000
贷：银行存款	4 000

③ 残料入库并收到变价收入

借：原材料	2 700
银行存款（变价收入）	4 000
贷：固定资产清理	6 700

④ 结转固定资产清理净损益

固定资产清理净收益 =6 700－2 500－4 000=200

借：固定资产清理	200
贷：营业外收入——处置固定资产净收益	200

同样，如果亏损 800 元的话，要做这样的账务处理：

借：营业外支出——非流动资产处置损失	800
贷：固定资产清理	800

（2）固定资产的出售或转让

固定资产出售或转让，开始的账务处理与固定资产报废或损毁的方式一致，只是在最后结转的损益需要通过"资产处置损益"科目进行反映。

举个例子

盛发公司为增值税一般纳税人，增值税税率为 13%。2019 年 3 月 31 日出售一台设备，原价 100 万元，已提折旧 80 万元，取得出售收入 22.6 万元（含增值税），已收存银行；出售中发生相关费用 1 万元，已用银行存款支付。盛发公司账务处理如下：

① 将固定资产转入清理

借：固定资产清理	200 000
累计折旧	800 000

贷：固定资产		1 000 000

②支付清理费用

借：固定资产清理		10 000
贷：银行存款		10 000

③获得清理收入

借：银行存款		226 000
贷：固定资产清理		200 000
应交税费——应交增值税（销项税额）		26 000

④结转清理的净损益

借：资产处置损益		10 000
贷：固定资产清理		10 000

特别提示： 固定资产清理完成后产生的清理净损益，依据固定资产处置方式的不同，分别适用不同的处理方法，如图5-7所示。

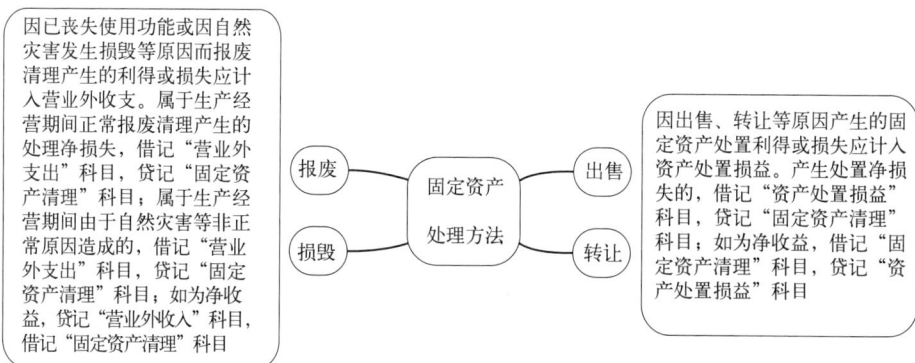

图5-7 固定资产处理方法

5.4 盘点清查——拿着账本找实物

小明经营情况实录

小明门店规模在扩大，同时仓库规模也在不断扩充。每个月月底，会计都会和库管负责人对仓库产品进行一次大盘点。但是在盘点的过程中，经常会出现账

　　固定资产清查最理想的情况是账实相符，而且资产都处于良好状况。但实际上很可能会出现意外情况，比如资产有毁损的情况，或者有些账上记载的固定资产实物已经不存在了。盘点固定资产就是用资产卡片账上所列示的内容与实物逐项核对。其结果无非就两种，即实物比账上的多，或者账上列示的资产实物中找不到（见图5-8）。

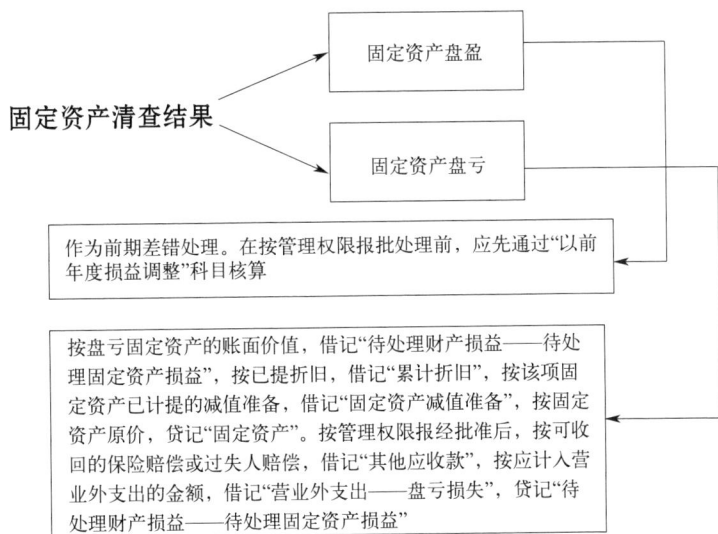

图 5-8　固定资产清查结果

　　大家都觉得固定资产如果盘盈，对公司是个好事情。其实认真分析一下，毫无原因地多出资产很可能是公司资产管理环节出现了严重问题。当然确实出现盘盈资产情况，就需要将其价值计入公司账面上，以实现"账实相符"。那么该如何入账呢？关键点是参照盘盈资产是否存在同类或类似资产的活跃市场（图5-9）。

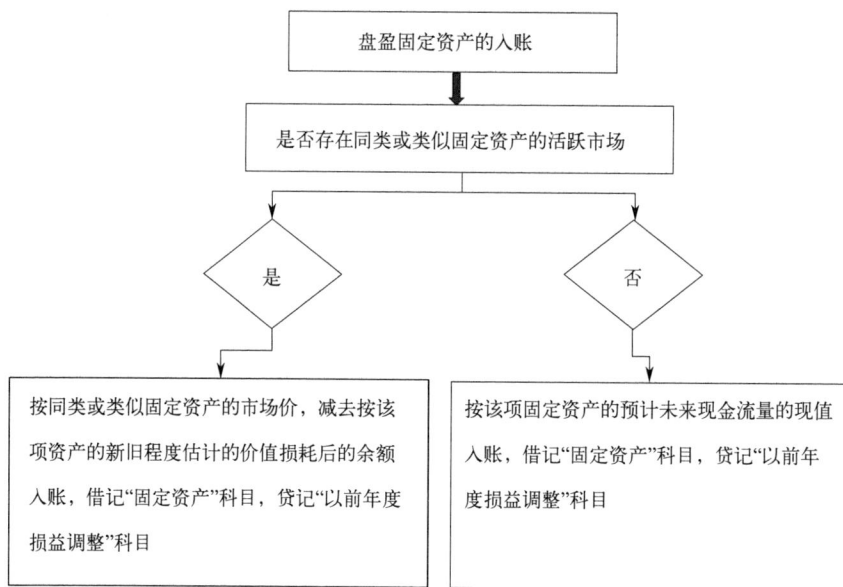

图 5-9　盘盈固定资产的入账

举个例子

① 盛发公司盘点发现有一台使用中的机器设备未入账，按同类或类似商品市场价格，减去按该项资产的新旧程度估计的价值损耗后的余额为 30 000 元（假定与其计税基础不存在差异），该盘盈固定资产作为前期差错进行处理。假设该公司执行企业会计准则，有关会计处理如下：

盘盈固定资产

借：固定资产　　　　　　　　　　　　　　　　　　　　　　　30 000

　　贷：以前年度损益调整　　　　　　　　　　　　　　　　　　30 000

确定应缴纳的所得税时

借：以前年度损益调整　　　　　　　　　　　　　　　　　　　7 500

　　贷：应交税费——应交所得税　　　　　　　　　　　　　　　7 500

结转为留存收益时

借：以前年度损益调整（30 000－7 500）　　　　　　　　　　22 500

　　贷：盈余公积——法定盈余公积（22 500×10%）　　　　　　2 250

　　　　利润分配——未分配利润（22 500－2 250）　　　　　　20 250

② 某企业进行财产清查时，盘亏机器设备一台，原值为 40 000 元，已经计提

折旧 15 000 元，已经计提减值准备 5 000 元。会计处理如下：

盘亏固定资产

借：待处理财产损益——待处理固定资产损益   20 000

    累计折旧   15 000

    固定资产减值准备   5 000

     贷：固定资产   40 000

报经批准转销

借：营业外支出——盘亏损失   20 000

    贷：待处理财产损益——待处理固定资产损益   20 000

企业至少应当于每年年度终了，对固定资产的使用寿命、预计净残值和折旧方法进行复核。比如，使用寿命预计数与原先估计数有差异的，应当调整固定资产使用寿命；预计净残值预计数与原先估计数有差异的，应当调整预计净残值。

资产负债表日存在可能发生减值的迹象时，其可收回金额低于账面价值的，企业应当将该固定资产的账面价值减至可收回金额，减计的金额确认为减值损失，计入当期损益，同时计提相应的资产减值准备，借记"资产减值损失——计提的固定资产减值准备"科目，贷记"固定资产减值准备"科目。固定资产减值损失一经确认，在以后会计期间不得转回。

举个例子

2021 年 12 月 31 日，丁公司某生产线存在可能发生减值的迹象。经计算，该机器的可收回金额为 1 230 000 元，账面价值为 1 400 000 元，以前年度未对该生产线计提过减值准备。

账面与可收回金额之间的差额为 170 000 元，计提固定资产减值准备。

借：资产减值损失——计提的固定资产减值准备   170 000

    贷：固定资产减值准备   170 000

前文已经按照会计做账流程以"倒序"的方式介绍了财务报表，其中提到资产负债表中非流动资产中"固定资产"一栏的列示内容。我们在了解了固定资产后续计量的方法后，应该可以理解报表中"固定资产"与总账中"固定资产"的期末金额并不一致。报表中"固定资产"项目反映了企业期末固定资产的净额，即将资产原值（按历史成本入账的原值）减去历次折旧，以及计提的减值准备后的金额。

再次回顾一下，目的是进一步理解报表中某些项目列示与总账不一致的原因。

账面余额＝固定资产账面原价＝固定资产原值

账面净值＝固定资产折余价值＝固定资产原价—计提的累计折旧

账面价值＝固定资产原价—计提的减值准备—计提的累计折旧

举例说明，期末会计账簿显示：

固定资产科目借方余额：500 万元

累计折旧科目贷方余额：300 万元

固定资产减值准备科目贷方余额：50 万元

则：

固定资产的账面余额 = 500 万元

固定资产的账面净值 = 500-300=200 万元

固定资产的账面价值 =500-300-50=150 万元

5.5 投资性房地产的单独核算

小明经营情况实录

小明商贸公司经过一段时期的经营，规模越来越大。为了扩大经营，小明以公司名义在城区买了一处底商。购买商铺的成本共计 100 万元。购入后，小明原打算作为一个直营分店专卖果蔬农产品。为此，小明商贸公司投入了 10 万元进行店铺装修。

投资总是有风险。这家直营店铺的选址并不理想，半年过去，店铺始终处于亏损状态。小明为此十分着急，毕竟当初投入很大，而且装修也投了不少钱。加上每月的水电费以及人工成本，小明细算了一下，不如将店铺盘出去，或者关闭该门店，出租房产。

该事件会计该如何记录呢?

对于用于出租的房产，需要通过非流动"三产"中的投资性房地产来核算。

对于非流动"三产"，其核算以及摊销或折旧的概念有很多相似的地方。再早以前，非流动资产中包括"两产"，即无形资产和固定资产。随着会计准则与世界接轨，"投资性房地产"从二者中分离出来，单独成为一类资产在报表中列示。

> 其实会计记账的方法并不是一成不变的，随着时代的变迁、经济的发展和政策导向，以及人们对价值财富的认知改变，都会促使会计准则不断完善。除了投资性房地产这类资产之外，比如"研发支出"科目，正是在我国高新技术企业、研发公司越来越多的背景下，同时税务总局对该行业税收优惠政策频出，于是出现了这样的分类。

"投资性房地产"项目反映企业期末持有的投资性房地产的实际价值。企业采用成本模式计量投资性房地产的，该项目应当根据"投资性房地产"账户的期末余额，减去"投资性房地产累计折旧（摊销）"和"投资性房地产减值准备"账户期末余额后填列；企业采用公允价值模式计量投资性房地产的，该项目应当根据"投资性房地产"账户的期末余额填列。投资性房地产有三大类，如图 5-10 所示。

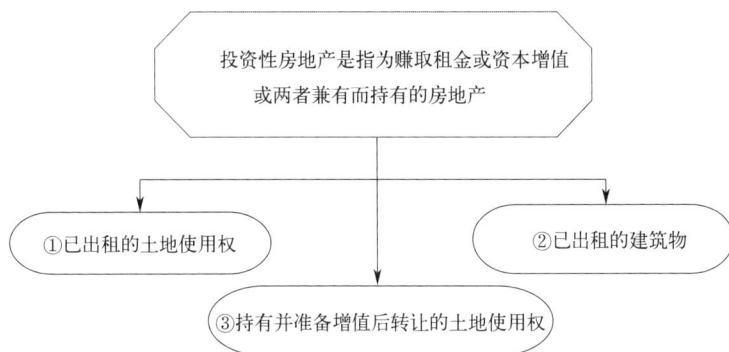

图 5-10 投资性房地产分类

对于划分为投资性房地产，需要注意以下五点：

① 已出租的土地使用权和已出租的建筑物，是指以经营租赁方式出租的土地使用权和建筑物。通常情况下，对企业持有以备经营出租的空置建筑物，如董事会或类似机构作出书面决议，明确表明将其用于经营出租且持有意图在短期内不再发生变化的，视同投资性房地产。

② 持有并准备增值后转让的土地使用权，是指企业取得的准备增值后转让的土地使用权。但是，按照国家有关规定认定的闲置土地（如取得后 1 年没有开发），不属于持有并准备增值后转让的土地使用权。

③ 某项房地产，部分用于赚取租金或资本增值，部分用于生产商品、提供劳务或经营管理的情况，能够单独计量和出售的、用于赚取租金或资本增值的部分，应当确认为投资性房地产；而不能够单独计量和出售的、用于赚取租金或资本增值的部分，不确认为投资性房地产。

④ 企业将建筑物出租，按租赁协议向承租人提供的相关辅助服务在整个协议中不重大的，如企业将办公楼出租并向承租人提供保安、维修等辅助服务，应当将该建筑物确认为投资性房地产。

⑤ 自用的和作为存货的房地产不属于投资性房地产。自用房地产，即为生产商品、提供劳务或者经营管理而持有的房地产。例如，企业拥有并自行经营的旅馆饭店，其经营目的主要是通过提供客房服务赚取服务收入，该旅馆饭店不确认为投资性房地产。而作为存货的房地产，如房地产开发商开发完成的商品房，属于存货，不属于投资性房地产。

对于建筑物如何划分为固定资产还是投资性房地产，通过图 5-11 可以明晰。

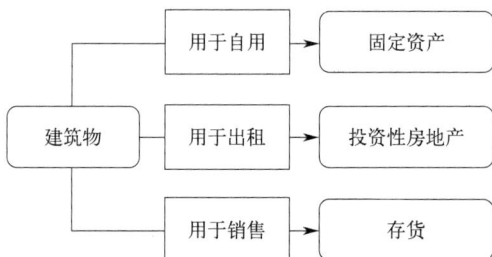

图 5-11 建筑物用途和分类

举个例子

① 盛发公司为房地产开发公司，2020 年通过竞拍取得一块闲置土地，但该土地一年内并没有按照相关要求进行开发，被认定为闲置土地。该土地不属于持有并准备增值后转让的土地使用权，因此不能划分为投资性房地产。

② 盛发公司曾经自用的办公楼闲置，经过装修后将其改造为一家快捷酒店，提供客房服务等。经过盛发公司会计判断，该酒店也不能划分为投资性房地产。

③ 2022 年 5 月 10 日，盛发公司与 A 公司签订了一项经营租赁合同，约定自

2022 年 6 月 1 日起，盛发公司以年租金 8 000 000 元租赁使用 A 公司拥有的一块 400 000 平方米的场地，租赁期为 8 年。2022 年 7 月 1 日，盛发公司又将这块场地转租给 B 公司，以赚取租金差价，租赁期为 5 年。以上交易假设不违反国家有关规定。在该操作中，盛发公司对这项土地使用权不能予以确认，也不属于投资性房地产。对于 A 公司而言，自租赁期开始日（2022 年 6 月 1 日）起，这项土地使用权属于投资性房地产。盛发公司是从 A 公司租入的土地使用权，虽然将其转租给 B 公司，并赚取租金，但盛发公司并不具有该土地使用权。

投资性房地产是从"固定资产""无形资产"中分离出来的，属于"老树新枝"的范畴。因此投资性房地产的取得、成本法下的折旧或摊销，包括处置，都和"固定资产""无形资产"在某些方面存在相似之处。但是，投资性房地产与这两者最不同的一点是，其计量的方式可以是历史成本法，也可以是公允价值法。

同一企业只能采用一种模式对所有投资性房地产进行后续计量，要么是历史成本法，要么是公允价值法，不得同时采用两种计量模式。

如果读者对这一点印象不深刻，可以通过复习会计五大计量方法来梳理会计基础知识结构（见图 5-12）。

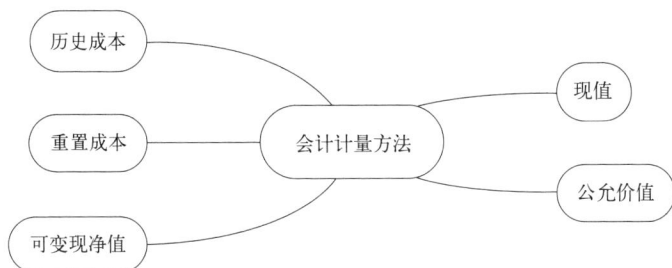

图 5-12 会计计量方法

投资性房地产取得的方式主要有两种：外购、自行建造。其后续处理也根据计量方法的不同而不同。

以下我们将分别按照成本法计量和公允价值法计量的方式介绍投资性房地产的取得及后续处理等内容。

（1）历史成本法计量

成本法计量和固定资产的相关会计处理类似，同样存在折旧，初始成本也需要考虑相关税费及其他费用。当然这里需要明确，如果是符合进项税抵扣的增值税，需要单独做账，而不应计入投资性房地产的成本中。

外购的投资性房地产	企业自行建造或开发完成取得的投资性房地产

对于企业外购的房地产，只有在购入房地产的同时开始对外出租或用于资本增值，才能称之为外购的投资性房地产。外购投资性房地产的成本，包括购买价款、相关税费和可直接归属于该资产的其他支出。
 	
会计处理为：
借：投资性房地产
    贷：银行存款
	企业自行建造或开发的房地产，只有在自行建造或开发活动完成（即达到预定可使用状态）的同时开始对外出租或用于资本增值，才能将自行建造的房地产确认为投资性房地产。成本包括建造该项资产达到预定可使用状态前发生的必要支出构成，包括土地开发费、建安成本、应予以资本化的借款费用、支付的其他费用和分摊的间接费用等，会计处理为：
	借：投资性房地产
	    贷：银行存款
	        工程物资
	        应付职工薪酬等

举个例子

① 盛发公司于 2021 年 1 月 1 日支付 1 000 万元价款和 10 万元相关税费购入了 800 平方米商业用房（取得普通发票，下同），当日出租给 A 公司。在采用成本法计量模式下，盛发公司购入投资性房地产的账务处理是：

借：投资性房地产 10 100 000

    贷：银行存款 10 100 000

② 盛发公司采用出包方式建造商用楼，用于出租，总投资 4 000 万元。2021 年 1 月 1 日支付工程款 1 000 万元，则在采用成本法计量模式下，盛发公司账务处理如下：

借：在建工程——商用楼 10 000 000

    贷：银行存款 10 000 000

其余付款略；

2021 年 12 月 31 日，工程达到预定可使用状态，已办理经营租赁手续，在建工程余额为 4 000 万元，则：

借：投资性房地产 40 000 000

    贷：在建工程 40 000 000

投资性房地产的后续计量（成本法）

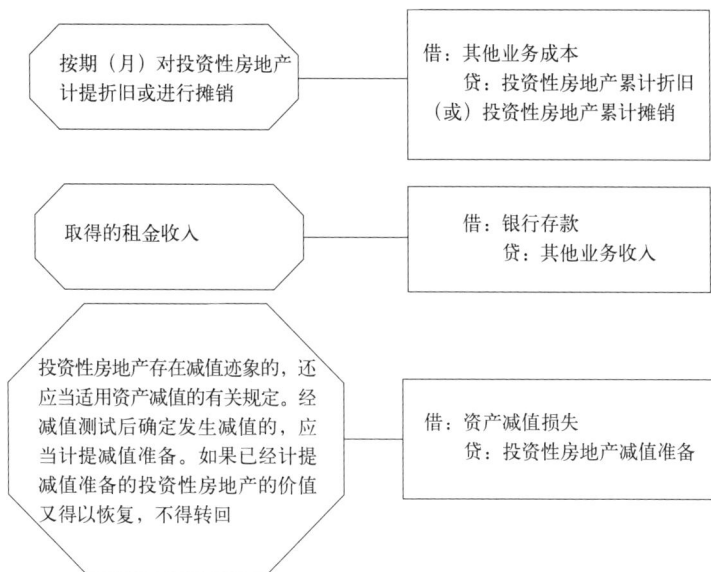

按期（月）对投资性房地产计提折旧或进行摊销	借：其他业务成本 　　贷：投资性房地产累计折旧 　　（或）投资性房地产累计摊销
取得的租金收入	借：银行存款 　　贷：其他业务收入
投资性房地产存在减值迹象的，还应当适用资产减值的有关规定。经减值测试后确定发生减值的，应当计提减值准备。如果已经计提减值准备的投资性房地产的价值又得以恢复，不得转回	借：资产减值损失 　　贷：投资性房地产减值准备

外置投资性房地产

借：银行存款
　　贷：其他业务收入
借：其他业务成本
　　投资性房地产累计折旧（投资性房地产累计摊销）
　　投资性房地产减值准备
　　贷：投资性房地产

在这里需要注意，处置投资性房地产的利得或损失不计入"资产处置损益"。财务报表列示中利润表中有"资产处置收益"项目（注意报表中的名称与总账会计科目中"资产处置损益"有一字之别），其反映企业出售划分为持有待售的非流动资产（金融工具、长期股权投资和投资性房地产除外）或处置组时确认的处置利得或损失，以及处置未划分为持有待售的固定资产、在建工程、生产性生物资产及无形资产而产生的处置利得或损失。

由此可以明确，处置投资性房地产的时候，并不需要使用"资产处置损益"这一会计科目。

举个例子

盛发公司将其一栋写字楼出租给 A 公司使用，确认为投资性房地产，采用成本法计量模式进行后续计量。假设这栋办公楼的成本为72 000 000元，按照年限平均法计提折旧，使用寿命为20年，预计净残值为0。经营租赁合同约定，A公司每月等额支付盛发公司租金400 000元。

盛发公司的账务处理如下：

① 每月计提折旧

每月计提的折旧 =（72 000 000÷20）÷12 = 300 000（元）

借：其他业务成本——出租写字楼折旧　　　　　　　　300 000

　　贷：投资性房地产累计折旧　　　　　　　　　　　　　300 000

② 每月确认租金收入

借：银行存款（或其他应收款）　　　　　　　　　　400 000

　　贷：其他业务收入——出租写字楼租金收入　　　　　　　400 000

（2）公允价值法计量

公允价值法计量和我们之前提到的"交易性金融资产"后续计量的方法一致。或者说是非历史成本法中的公允价值计量方法。房地产的价值虽然不像公开上市发行的股票那样容易取得，但是同样可以通过资产评估或者房地产交易市场公布的一些数据去获取，以此更准确地反映公司目前资产的价值。

外购的采用公允价值模式计量的投资性房地产，应当按照取得时的实际成本进行初始计量。其实际成本的确定与外购的采用成本模式计量的投资性房地产一致。会计处理为：

借：投资性房地产——成本

　　贷：银行存款

投资性房地产的后续计量（公允价值）

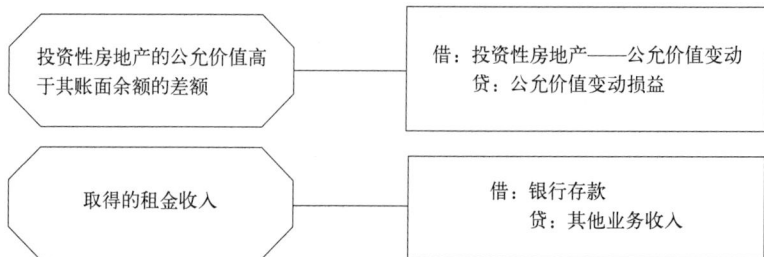

投资性房地产的公允价值高于其账面余额的差额	借：投资性房地产——公允价值变动 贷：公允价值变动损益
取得的租金收入	借：银行存款 贷：其他业务收入

投资性房地产的处置

出售采用公允价值模式计量的投资性房地产时，应将出售收入计入其他业务收入，将投资性房地产的账面价值计入其他业务成本；同时将原计入"公允价值变动损益"和"其他综合收益"的金额转入其他业务成本，目的是调整到投资性房地产的原始成本

借：银行存款
　　贷：其他业务收入
借：其他业务成本
　　贷：投资性房地产——成本
　　　　　　　　　　——公允价值变动
借：公允价值变动损益
　　贷：其他业务收入
借：其他综合收益
　　贷：其他业务收入

举个例子

盛发公司将一栋出租房出售，销售收入 7 200 万元，款项已经存入银行。盛发公司对该投资性房地产采用公允价值模式计量，处置当日，出租房成本和公允价值变动明细科目分别为 6 400 万元和 200 万元（借方），原来自用转为出租时产生的其他综合收益为 100 万元。在不考虑其他相关税费的情况下，会计账务处理如下：

借：银行存款	72 000 000	
贷：其他业务收入		72 000 000
借：其他业务成本	66 000 000	
贷：投资性房地产——成本		64 000 000
——公允价值变动		2 000 000
借：公允价值变动损益	2 000 000	
贷：其他业务收入		2 000 000
借：其他综合收益	1 000 000	
贷：其他业务收入		1 000 000

（3）两种计量方法的转换

既然存在两种计量模式，那么投资性房地产的后续计量之间是否可以随意变化呢？其答案是否定的（见图 5-13）。

投资性房地产一旦采用公允价值法计量就不能再采取成本法进行后续计量。因为公允价值法是一种更合理的计量方式。而且在采取这种方法计量前，已经具备了公允价值计量的前提条件。虽然公司的财务人员有选择哪种计量方法的权利，但并不意味着可以毫无规则、随意转换。

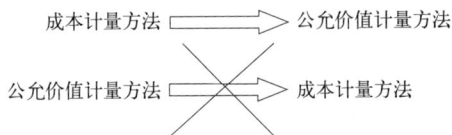

图 5-13 计量方法的转换

企业变更投资性房地产计量模式，从成本法变为公允价值法，应当按照计量模式变更日投资性房地产的公允价值，借记"投资性房地产——成本"科目，按照已计提的折旧或摊销，借记"投资性房地产累计折旧（摊销）"科目，原已计提减值准备的，借记"投资性房地产减值准备"科目，按照原账面余额，贷记"投资性房地产"科目，按照公允价值与其账面价值之间的差额，贷记或借记"利润分配——未分配利润""盈余公积"等科目。

举个例子

2021 年 12 月，盛发公司与 A 公司签订租赁协议，约定将盛发公司新建造的一栋写字楼租赁给 A 公司使用，租赁期为 10 年。当时，盛发公司作为投资性房地产入账，采取成本法，到了 2022 年 6 月，该项投资性房地产原值为 2000 万元，投资性房地产累计折旧 200 万元，而 2020 年 6 月 30 日该投资性房地产的公允价值为 3200 万元，盛发公司决定采取公允价值法计量。会计账务处理如下：

借：投资性房地产——成本　　　　　　　　　　　　　32 000 000

　　投资性房地产累计折旧　　　　　　　　　　　　　 2 000 000

　　贷：投资性房地产　　　　　　　　　　　　　　　20 000 000

　　　　利润分配——未分配利润　　　　　　　　　　14 000 000

以上介绍取得投资性房地产时并没有提到一种情况，即原来的房产为自用，作为固定资产，采用成本法计量。在自用改成出租后计入投资性房地产，虽然这并不是投资性房地产的取得方式，但在实务中最为常见。

此时需要考虑，改变用途后投资性房地产采用的计量方式。如果采用成本法，其投资性房地产的账面价值与原固定资产的账面价值一致。借记投资性房地产、累计折旧等科目，而贷记固定资产、无形资产、投资性房地产——累计折旧等科目。

如果采用公允价值法计量，就需要先取得该资产的公允价值。如果公允价值大于原自用房产的账面价值，差额在贷方计入"其他综合收益"。

举个例子

盛发公司原有一套房产，原值为 120 万元，已经计提折旧 20 万元。从 2021 年 2 月 2 日对外出租，每年获取租金 13 万元。同时，将该资产划归为投资性房地产，并按照公允价值计量。初始入账公允价值为 230 万元。会计账务处理如下：

借：投资性房地产——成本   2 300 000

   累计折旧   200 000

  贷：固定资产——房产   1 200 000

     其他综合收益   1 300 000

在这个案例中，该房产的公允价值为 230 万元，但是原固定资产账面价值仅为 100 万元，因此按照公允价值计量，公司资产增加了 130 万元，按照会计准则，该 130 万元计入"其他综合收益"。

试想一下，如果公允价值小于原固定资产的账面价值，那么该如何计量呢？

近几十年来，中国房产价值基本处于上涨阶段。原采用成本法计量的固定资产再加上常年的折旧，账面价值逐年减少。但事实上，中国房产价值是处于快速上升阶段。因此固定资产转为投资性房地产时，如果采用公允价值计量，通常都是公允价值远大于原采用历史成本法计量的固定资产账面价值。

如果确实出现转计入投资性房地产按公允价值计量，而其公允价值比之前按照历史成本法计量时的固定资产或者无形资产还要低，那么就需要将差额在借方通过"公允价值变动损益"反映。

如上案例，如该房产公允价值为 90 万元，那么会计分录应为：

借：投资性房地产——成本   900 000

   累计折旧   200 000

   公允价值变动损益   100 000

  贷：固定资产——房产   1 200 000

举个例子

2020 年 8 月，盛发公司打算搬迁至新建办公楼。由于原办公楼处于商业繁华地段，盛发公司准备将其出租，以赚取租金收入，并已获得公司董事会批准形成书面决议。2020 年 12 月底，盛发公司完成了搬迁工作，原办公楼停止自用。2021 年 1 月 1 日，盛发公司与 A 公司签订了租赁协议，租赁期为 3 年。

在该例中，盛发公司应当于租赁期开始日（2021 年 1 月 1 日），将自用房地产转换为投资性房地产。该办公楼所在地房地产交易活跃，公司能够从市场上取得同类或类似房地产的市场价格及其他相关信息，假设盛发公司对出租的该办公楼采用公允价值模式计量。假设 2021 年 1 月 1 日，该办公楼的公允价值为 380 万元，其原价为 550 万元，已提折旧 150 万元。

盛发公司的账务处理如下：

2021 年 1 月 1 日

借：投资性房地产——办公楼——成本   3 800 000

  公允价值变动损益——投资性房地产   200 000

  累计折旧   1 500 000

 贷：固定资产   5 500 000

在实务中，采用历史成本法计量的房产或者作为土地使用权的无形资产很少会出现减值准备。并且自用的房产转为投资性房地产的时候，如果采用历史成本法，其实质仅仅是会计科目的变化，并没有太大意义。如果采用公允价值计量，财务数据会更加真实地反映公司资产情况，但同时转换当期的资产总额会出现幅度较大的增加。一些上市公司为了"美化"财务报表，将之前出租的房产由历史成本法转为公允价值法计量，仅仅修改了一笔会计凭证，于是资产总额和利润总额都大幅上升。

5.6 摸不着的无形资产

小明经营情况实录

小明的自营分店已经开设了 10 家，但每次盘点货物时，总是出现问题，门店、仓库的商品与账上总是对不上。为了提升管理，小明从某研发公司购买了一套购销存信息管理系统，共计 80 000 元。其中不含税金额 75 471.7 元，税金为 4 528.3 元。这套系统并不包括服务器和计算机。为了配合该软件使用，小明商贸公司又购入服务器一台 20 000 元（含税价）。购销存管理软件有效期 10 年，服务器使用年限是 5 年。

自从使用这套购销存系统后，各门店现有商品品类、数量以及仓库库存商品等都一目了然。系统每天都会更新数据，实时监控商品信息，而且数据精准无误。

财务人员在入账的时候需要审核原始凭据。购买管理系统软件的时候，小明商贸公司与某研发公司签订了购买协议。会计会以该协议以及对方开具的发票作为入账依据。因为该协议仅是提供软件及后续服务，并不包括服务器，因此小明商贸公司本次共计支付 100 000 元，但需要分别做账。支取服务器硬件 20 000元一次性支付，另外 80 000 元购销存管理系统的费用分两次付清，第一次付款在系统上线后支付全部价款的 40%，第二次付款是在系统运行半年后支付尾款。

因为服务器与购销存软件在协议上明确区分，小明商贸公司的会计需要分别按照无形资产和固定资产入账。

将购销存系统作为无形资产单独入账：

借：无形资产——购销存系统　　　　　　　　　　75 471.7

　　应交税费——应交增值税（进项税额）　　　　4 528.3

　　贷：银行存款　　　　　　　　　　　　　　　48 000

　　　　应付账款　　　　　　　　　　　　　　　32 000

将购入的服务器入账：

借：固定资产　　　　　　　　　　　　　　　　　17 699.12

　　应交税费——应交增值税（进项税额）　　　　2 300.88

　　贷：银行存款　　　　　　　　　　　　　　　20 000

> 无形资产指企业拥有或控制的没有实物形态的可辨认的非货币性资产

从定义可以得知，无形资产具有四个特征：

① 由企业拥有或控制，并能为企业带来未来经济利益的资源；

② 不具有实物形态；

③ 无形资产具有可辨认性；

④ 无形资产属于非货币性资产。

实务中常见的无形资产包括管理系统软件、专利技术、软件著作权、商标、土地使用权等，可以概括为六大类，如图 5-14 所示。

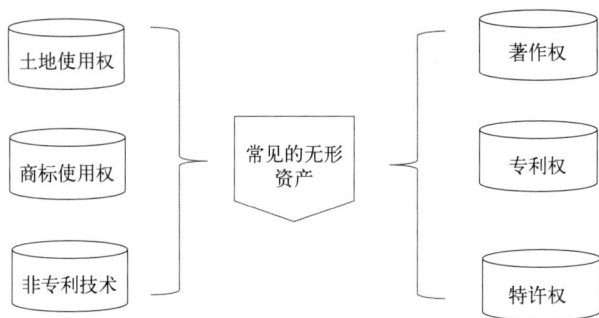

图 5-14 常见的无形资产

在这里需要注意，商誉并不能算作企业的无形资产。因为商誉的存在无法与企业自身分离，不具有可辨认性，不属于会计准则所指无形资产。此外，企业内部产生的品牌、报刊名等，因其成本无法可靠计量，也不应确认为无形资产。

公司取得无形资产的方式最常见的有三种：购买、投资者投入、自主研发（图5-15）。因取得方式不同，初始入账成本也会不同。

图 5-15 无形资产取得方式

（1）购入无形资产账务处理

购入的无形资产，其成本包括购买价款、相关税费以及直接归属于使该项资产达到预定用途所发生的其他支出，不包括为引入新产品进行宣传所发生的广告费、管理费用和其他间接费用以及不包括无形资产达到预定用途以后发生的费用。如果购入无形资产的进项税金可以抵扣，则单独列示，不计入无形资产成本。

某企业购入一项专利技术，发票价格为200 000元，款项已通过银行转账支付。编制会计分录如下：

借：无形资产——专利权　　　　　　　　　　　　　　　　　200 000

　　贷：银行存款　　　　　　　　　　　　　　　　　　　　　　　200 000

（2）投资者投入的无形资产账务处理

投资者投入无形资产的成本，应当按照投资合同或协议约定的价值确定，但合同或协议约定价值不公允的除外。这一点与固定资产从投资方取得一样。该资产首先要公允。

借记"无形资产"，贷记"实收资本""股本"等。为首次发行股票而接受投资者投入的无形资产，应按该无形资产在投资方的账面值，借记"无形资产"，贷记"实收资本""股本"等。

举个例子

某股份有限公司接受甲投资者以其所拥有的非专利技术投资，双方商定的价值为250万元，支付税费2万元，已办妥相关手续。编制会计分录如下：

借：无形资产 2 520 000

贷：股本（或实收资本） 2 500 000

银行存款 20 000

（3）自主研发的无形资产

在实务中，自主研发无形资产的情况非常普遍。国家对科技创新型企业给予了大力支持，尤其在财税方面。很多公司都在努力自主研发新产品和新技术。对于公司该项业务，我们会计在做账的时候有着非常明确的准则依据。

一句话经典

做账不能脱离业务本质。做账好比纪实文学，而不是小说演绎。

剖析研发无形资产的过程，从字面理解，研发无形资产固然需要研究和开发。一项新技术的诞生并非轻而易举，前期的投入也是较为复杂的。如果将所有支出都计入无形资产成本，反而无法真实反映成本。所以研发无形资产的过程分为两个阶段，一个是研究阶段，一个是开发阶段（图5-16）。

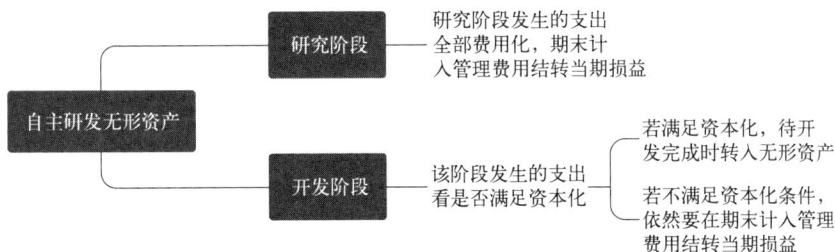

研究阶段发生的支出全部费用化，期末计入管理费用结转当期损益

开发阶段 该阶段发生的支出看是否满足资本化
　　若满足资本化，待开发完成时转入无形资产
　　若不满足资本化条件，依然要在期末计入管理费用结转当期损益

图5-16　无形资产研发阶段

研究是指为获取并理解新的科学或技术知识而进行的独创性的有计划调查。

开发是指在进行商业性生产或使用前，将研究成果或其他知识应用于某项计划或设计，以生产出新的或具有实质性改进的材料、装置、产品等。

这其中我们需要使用一个会计科目"研发支出"，同时它有两个二级科目：

研发支出——费用化

研发支出——资本化

① 研究阶段

发生费用时：

借：研发支出——费用化支出

　　贷：银行存款等

月末进行结转，研发支出中费用化的部分期末为0：

借：管理费用

　　贷：研发支出——费用化支出

② 开发阶段

发生成本费用支出时：

借：研发支出——资本化支出（满足资本化支出的部分）

　　研发支出——费用化支出（不满足资本化支出的部分）

　　贷：银行存款等

当研究开发项目达到预定用途形成无形资产时：

开发完成前，符合资本化条件的研发支出放在"研发支出——资本化支出"借方。开发完成后，将"研发支出——资本化支出"转入"无形资产"。

借：无形资产

　　贷：研发支出——资本化支出

那么什么情况下才能确认无形资产呢？即同时满足下列条件的，才能确认为无形资产。

开发阶段的支出在同时满足以下5个条件时，可以资本化，在开发完成时才可以转入无形资产。

一是完成该无形资产以使其能够使用或出售在技术上具有可行性。

二是具有完成该无形资产并使用或出售的意图。

三是无形资产产生经济利益的方式，包括能够证明运用该无形资产生产的产品存在市场，或无形资产自身存在市场。如果无形资产将在内部使用，应当证明其有用性。

四是有足够的技术、财务资源和其他资源支持，以完成该无形资产的开发，并有能力使用或出售该无形资产。

五是归属于该无形资产开发阶段的支出能够可靠地计量。

🔨 举个例子

盛发公司自行研发一项技术。2020 年 12 月 31 日，发生研发支出合计 10 万元，经测试该研发活动完成了研究阶段，从 2021 年 1 月 1 日开始进入开发阶段。2021 年发生研发支出共计 30 万元，其中符合资本化条件的为 25 万元，均用银行存款支付。2021 年 6 月 30 日，该研发活动结束，最终开发出一项非专利技术。编制会计分录如下：

a. 2020 年发生的研发支出：

借：研发支出——费用化支出	100 000
贷：银行存款等	100 000

b. 2021 年发生 30 万元研发支出的时候进行账务处理：

借：研发支出——费用化支出	50 000
研发支出——资本化支出	250 000
贷：银行存款等	300 000

c. 2021 年 6 月 30 日针对开发阶段满足资本化确认条件的费用转入无形资产科目，同时对不符合资本化的 5 万元（30-25）计入当期损益：

借：无形资产	250 000
贷：研发支出——资本化支出	250 000
借：管理费用	50 000
贷：研发支出——费用化支出	50 000

（4）无形资产的摊销

按照固定资产的思路，无形资产也需要"折旧"。无形资产的"折旧"称为"摊销"，计入"累计摊销"贷方。参照固定资产的折旧方式，无形资产摊销首先要在取得或确认时判断其使用寿命（图 5-17）。

无形资产

使用寿命是
否确定

使用寿命确定　　　　　　　使用寿命不确定

每个期末进行摊销　　　　　不进行摊销，但年度终
　　　　　　　　　　　　　了需进行减值测试

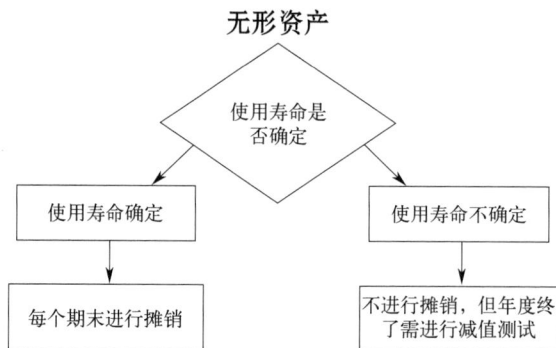

图 5-17　无形资产摊销判定

① 无法预见无形资产为企业带来经济利益期限的，应当视为使用寿命不确定的无形资产。使用寿命不确定的无形资产不应摊销。

② 无形资产的使用寿命为有限的，应当估计该使用寿命的年限或者构成使用寿命的产量等类似计量单位数量。

使用寿命有限的无形资产，在使用期内合理摊销。第一次摊销从无形资产使用的当月开始，至不再作为无形资产确认时止。

最常用的无形资产摊销方法是直线法。该方法与固定资产折旧相似，按照使用年限平摊。当然也有按照产量法，按照每件产品去计提摊销，如表 5-3 所示。

使用寿命有限的无形资产，其残值应当视为零，但下列情况除外：

情况一，有第三方承诺在无形资产使用寿命结束时购买该无形资产。

情况二，可以根据活跃市场得到预计残值信息，并且该市场在无形资产使用寿命结束时很可能存在。

表 5-3　固定资产折旧与无形资产摊销的比较

资产类型	固定资产折旧	无形资产摊销
折旧或摊销要素	原值、使用年限、净残值	原值、使用年限、净残值
折旧或摊销方法	年限平均法、工作量法、双倍余额递减法、年数总和法	年限平均法、产量法
备抵会计科目	"累计折旧"	"累计摊销"
折旧或摊销计入的损益借方	管理费用、制造费用、销售费用、其他业务成本	管理费用、制造费用、其他业务成本

不过对于无形资产的特殊性而言，它的使用寿命是不容易被准确估计的，所以给无形资产的摊销带来一定的难度。对于使用寿命不确定的无形资产，无法进行摊销。下面来梳理一下无形资产摊销的三要素，如图 5-18 所示。

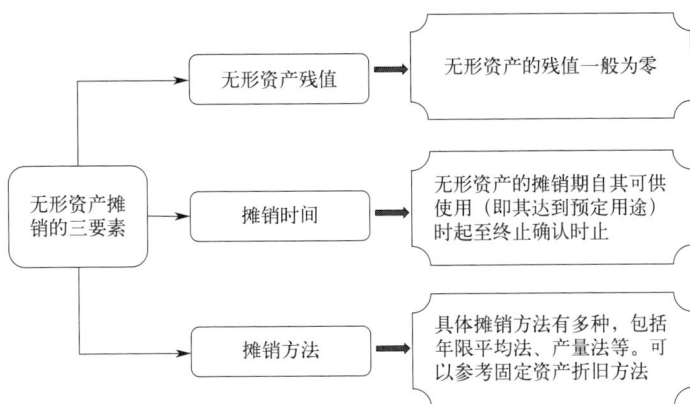

图5-18 无形资产摊销的三要素

多数情况下无形资产的残值是零。但也存在一些特殊情况，无形资产可能有残值。比如小明商贸公司购买的购销存管理系统，销售方签订协议，5年后可以以一定价格回购。那么该系统则视为存在残值。

使用寿命有限的无形资产摊销，其账务处理和固定资产折旧类似，也是需要按月摊销。企业自用的无形资产，其摊销金额计入管理费用；出租的无形资产，其摊销金额计入其他业务成本；某项无形资产所包含的经济利益通过所生产的产品或其他资产实现的，其摊销金额计入相关资产成本。

企业设置"累计摊销"科目作为"无形资产"科目的备抵调整科目。

举个例子

2021年4月3日购入非专利技术，支付1 000万元，寿命10年，用于生产产品。商标权4 500万元，寿命15年。残值为0。采用直线法摊销。

a. 取得时：

借：无形资产——非专利技术　　　　　　　　　　10 000 000

　　　　　　——商标权　　　　　　　　　　　　45 000 000

　　贷：银行存款　　　　　　　　　　　　　　　　　　　55 000 000

b. 按年摊销时：

借：制造费用——非专利技术摊销　　　　　　　　 1 000 000

　　　　　　——商标权摊销　　　　　　　　　　　3 000 000

贷：累计摊销	4 000 000

资产负债表日，如果可收回的金额低于其账面价值，应当计提减值准备，确认减值损失，计入当期损益。如经减值测试表明已发生减值，则需要计提相应的减值准备，具体账务处理为：借记"资产减值损失"科目，贷记"无形资产减值准备"科目。

无形资产减值损失一经确认，在以后会计期间不得转回。

（5）无形资产出售和转让

企业出售无形资产，应该将取得的价款与该无形资产的账面价值（成本减去累计摊销和已计提的减值准备）之间的差额，作为资产处置利得和损失，计入当期损益（资产处置损益）。

借：银行存款
　　无形资产减值准备
　　累计摊销
　　贷：无形资产
　　　　资产处置损益（或借记）
　　　　应交税费——应交增值税（销项税额）

举个例子

2021 年底，某企业将拥有的一项非专利技术出售，含税价款 530 万元，增值税 30 万元。无形资产原值为 700 万元，累计摊销额为 350 万元，已计提的减值准备 50 万元。编制会计分录如下：

借：银行存款	5 300 000
无形资产减值准备	500 000
累计摊销	3 500 000
贷：无形资产——非专利技术	7 000 000
应交税费——应交增值税（销项税额）	300 000
资产处置损益	2 000 000

（6）无形资产出租

无形资产出租是指企业将所拥有的无形资产的使用权让渡给他人，并收取租金。取得的租金收入，借记"银行存款"等科目，贷记"其他业务收入"等科目；

摊销出租无形资产的成本时，借记"其他业务成本"科目，贷记"累计摊销"科目。

举个例子

2021年10月，盛发公司对外授权一家公司使用自己的商标，每年可以获得不含税收入10万元的特许权使用费，另外向对方开具增值税专用发票，增值税为0.6万元。因该无形资产无法确定使用寿命，因此每年没有进行摊销。

每年确定特许权收入时：

借：银行存款　　　　　　　　　　　　　　　　106 000

　　贷：其他业务收入　　　　　　　　　　　　　100 000

　　　　应交税费——应交增值税（销项税额）　　6 000

（7）无形资产报废

无形资产预期不能为企业带来经济利益的，应当将该无形资产的账面价值予以转销（即报废），其账面价值转作当期损失（营业外支出）。

转销时，应该按照已计提的累计摊销，借记"累计摊销"科目；按其账面余额，贷记"无形资产"科目；按其差额借记"营业外支出"科目。已计提减值准备的，还应该同时结转减值准备。

借：累计摊销

　　无形资产减值准备

　　营业外支出（或贷方营业外收入）

　　贷：无形资产

举个例子

甲企业的一项技术准备报废处理，其专有技术的账面余额为30万元，摊销期为10年。采用直线法进行摊销，已摊销5年，假定该项专利权的残值为0。已累计计提的减值准备为8万元，不考虑其他相关因素。分录如下：

借：累计摊销　　　　　　　　　　　　　　　　150 000

　　营业外支出——处置非流动资产损失　　　　70 000

　　无形资产减值准备　　　　　　　　　　　　80 000

　　贷：无形资产——专利权　　　　　　　　　300 000

5.7 投资并不简单

本节我们来了解投资。目前我国的资本市场发展步入快车道,投资行为表现出不同形式。作为会计人员,需要根据投资的情况选择适用的会计准则,以准确进行账务处理。在我国现行会计准则中,围绕投资的准则包括两个,即《企业会计准则第 2 号——长期股权投资》和《企业会计准则第 22 号——金融工具确认和计量》。根据业务的具体情况,采用不同的准则。

举个例子,小明商贸公司之前在二级市场购入股票,对于这种投资行为,当时计入了"交易性金融资产",并且后续计量采用公允价值的方式。但小明商贸公司并不参与该公司的实际经营,其持有目的也仅是赚取差价。

但是投资不仅局限于此。如果小明商贸公司投资一家食品加工厂,并同时参与其经营,此时我们会计就需要通过"长期股权投资"来进行入账。

同样是投资,同样是希望获得投资回报,但是获取回报的方式和方法却不尽相同。本节重点介绍长期股权投资。

长期股权投资的取得分为两种,一种是企业合并取得的长期股权投资,另一种是企业合并之外的方式取得。

进一步细分,合并方式取得的长期股权投资又分为同一控制下和非同一控制下两种。而合并方式之外取得的长期股权投资则分为如现金、发行股票、非货币性资产交换等,如图 5-19 所示。

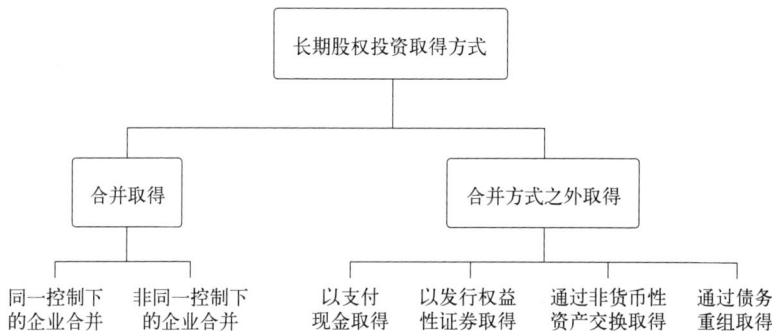

图 5-19 长期股权投资取得方式

(1)合并方式取得入账方式

① 同一控制下的企业合并,合并方以支付现金、转让非现金资产或承担债务

方式作为合并对价的，应当在合并日按照被合并方所有者权益在最终控制方合并财务报表中的账面价值的份额作为长期股权投资的初始投资成本。长期股权投资初始投资成本与支付的现金、转让的非现金资产以及所承担债务账面价值之间的差额，应当调整资本公积；资本公积不足冲减的，调整留存收益。

举个例子

2020年1月1日盛发公司支付现金1 000万元给丙公司，受让丙公司持有的乙公司60%的股权（盛发公司和丙公司同受A公司控制）。受让股权时，乙公司的所有者权益账面价值为2 000万元。则盛发公司的账务处理（金额：万元）如下：

借：长期股权投资——乙公司（2 000×60%）　　　　　　　　　1 200

　　贷：银行存款　　　　　　　　　　　　　　　　　　　　　　1 000

　　　　资本公积——资本溢价　　　　　　　　　　　　　　　　　200

合并方以发行权益性证券作为合并对价的，应当在合并日按照被合并方所有者权益在最终控制方合并财务报表中的账面价值的份额，作为长期股权投资的初始投资成本。按照发行股份的面值总额作为股本，长期股权投资初始投资成本与所发行股份面值总额之间的差额，应当调整资本公积；资本公积不足冲减的，调整留存收益。

② 非同一控制下的企业合并，购买方在购买日应当按照《企业会计准则第20号——企业合并》的有关规定确定的合并成本，作为长期股权投资的初始投资成本。

合并方或购买方为企业合并发生的审计、法律服务、评估咨询等中介费用，以及其他相关管理费用，应当于发生时计入当期损益。

（2）合并方式之外取得入账方式

① 以支付现金取得的长期股权投资，应当按照实际支付的购买价款作为初始投资成本。初始投资成本包括与取得长期股权投资直接相关的费用、税金及其他必要支出。

② 以发行权益性证券取得的长期股权投资，应当按照发行权益性证券的公允价值作为初始投资成本。与发行权益性证券直接相关的费用，应当按照《企业会计准则第37号——金融工具列报》的有关规定确定。

③ 通过非货币性资产交换取得的长期股权投资，其初始投资成本应当按照《企

业会计准则第 7 号——非货币性资产交换》的有关规定确定。

④ 通过债务重组取得的长期股权投资，其初始投资成本应当按照《企业会计准则第 12 号——债务重组》的有关规定确定。

5.8 金融资产存在的新姿态

本节所介绍的"债权投资"和"其他债权投资"两个会计核算科目都属于非流动资产。也就是说，这两项资产的持有时间一般情况下都会超过一年。

（1）以摊余成本计量的金融资产

公司融资方式分为股权融资和债权融资。股权融资正如前文中老王大哥投资的 1 000 元。而债权融资主要包括发行债券的方式。如果公司购入债券，会形成投资。对于购入方而言，如果长期持有，且以摊余成本计量，则需要计入"债权投资"科目。在金融工具准则实施之前，该会计科目称为"持有至到期投资"。

这里再一次提到摊余成本，依然是出于资金时间价值的考量。若干年后的资金与现值之间的差额，采用摊余成本计量是最科学的处理方式。

金融资产同时符合下列条件的，应当分类为以摊余成本计量的金融资产：

① 企业管理该金融资产的业务模式是以收取合同现金流量为目标。

② 该金融资产的合同条款规定，在特定日期产生的现金流量，仅为对本金和以未偿付本金金额为基础的利息的支付。

通常情况下这种金融资产是指公司对外进行的债券投资。

取得时（初始计量）的账务处理：以摊余成本计量的金融资产在初始确认时，应当按照公允价值和相关交易费用之和作为初始入账金额。实际支付的价款中包括的已到付息期但尚未领取的债券利息，应单独确认为应收项目。应收账款不考虑融资成分的，应当按照交易价格进行初始计量。

持有期间的账务处理：资产负债表日，应当计算应收利息和利息收入。

a. 企业应当采用实际利率法，按摊余成本对以摊余成本计量的金融资产进行后续计量。摊余成本，是指该金融资产的初始确认金额经下列调整后的结果：ⓐ 扣除已偿还的本金；ⓑ 加上或减去采用实际利率法将该初始确认金额与到期日金额之间的差额进行摊销形成的累计摊销额；ⓒ 扣除已发生的减值损失。

b. 以摊余成本计量的金融资产在资产负债表日应计算应收利息和利息收入。即：

ⓐ 应收利息＝金融资产面值 × 票面利率 × 期限

ⓑ 利息收入＝金融资产账面余额（或摊余成本）× 实际利率 × 期限

利息收入应当根据金融资产账面余额乘以实际利率计算确定，但下列情况除外：对于购入或应收的已发生信用减值的金融资产，企业应当自初始确认起，按照该金融资产的摊余成本和经信用调整的实际利率计算确定其利息收入；对于购入或应收的未发生信用减值，但在后续期间成为已发生信用减值的金融资产，企业应当在后续期间，按照该金融资产的摊余成本和实际利率计算确定其利息收入。

举个例子

盛发公司（甲公司）于 2020 年 1 月 1 日购入某公司在 2020 年 1 月 1 日发行的三年期债券，作为以摊余成本计量的金融资产。该债券票面金额为 100 万元，票面利率为 10%，甲公司实际支付 106 万元。该债券每年付息一次，最后一年还本金并付最后一次利息。假设甲公司按年计算利息，年实际利率为 7.7%。账务处理（金额：万元）如下：

2020 年 1 月 1 日购入时

借：债权投资——成本（即面值）　　　　　　　　　　　　　100

　　　　　——利息调整（即溢价）　　　　　　　　　　　　6

　　贷：银行存款　　　　　　　　　　　　　　　　　　　　106

2020 年 12 月 31 日计算应收利息和确认利息收入

应收利息和利息收入计算表　　　　　　　　　　单位：万元

项目时间	应收利息	利息收入	溢价摊销（还本）	本金（摊余成本）
	①＝面值 × 票面利率	②＝上一期④ × 实际利率 7.7%	③＝①－②	④＝上一期④－③
2020.1.1				106
2020.12.31	10（本＋息）	8.15	1.85	104.15
2021.12.31	10（本＋息）	8.01	1.99	102.16
2022.12.31	10（本＋息）	7.84	2.16	100
合计	30	24	6	

2020 年 12 月 31 日，账务处理如下：

借：应收利息（本＋息）　　　　　　　　　　　　　　　　　10

　　贷：投资收益（利息收入）　　　　　　　　　　　　　　　8.15

　　　　债权投资——利息调整（即溢价摊销，还本额）　　　　1.85

借：银行存款　　　　　　　　　　　　　　　　　　10

　　　　贷：应收利息　　　　　　　　　　　　　　　　　10

2021 年 12 月 31 日，计算应收利息和确认利息收入：

借：应收利息　　　　　　　　　　　　　　　　　　10

　　　　贷：投资收益（利息收入）　　　　　　　　　8.01

　　　　　　债权投资——利息调整（即溢价摊销，还本额）　1.99

借：银行存款　　　　　　　　　　　　　　　　　　10

　　　　贷：应收利息　　　　　　　　　　　　　　　　　10

2022 年 12 月 31 日，计算应收利息和确认利息收入，并收回本息：

借：应收利息　　　　　　　　　　　　　　　　　　10

　　　　贷：投资收益（利息收入）　　　　　　　　　7.84

　　　　　　债权投资——利息调整（即溢价摊销，还本额）　2.16

借：银行存款　　　　　　　　　　　　　　　110

　　　　贷：债权投资——成本（即面值）　　　　　100

　　　　　　应收利息　　　　　　　　　　　　　　10

（2）以公允价值计量且其变动计入其他综合收益的金融资产

之前在讨论流动资产的时候提到过交易性金融资产，该类会计科目核算是以公允价值计量，且其变动计入损益。而对于划分为长期资产的金融资产，有一类其公允价值变动需要计入其他综合收益。该类金融资产持有需要大于 1 年。

这类金融资产名称较长，后期账务处理也需明确。根据新金融准则的要求，金融资产同时符合下列条件的，应当分类为以公允价值计量且其变动计入其他综合收益的金融资产：

① 企业管理该金融资产的业务模式既以收取合同现金流量为目标，又以出售该金融资产为目标。

② 该金融资产的合同条款规定，在特定日期产生的现金流量，仅为对本金和以未偿付本金金额为基础的利息的支付。

对于以公允价值计量且其变动计入其他综合收益的金融资产，我们通过"其他债权投资"来进行核算。新金融准则颁布后，该科目取代了"可供出售金融资产"。这类投资包括股权性质的投资，也包括债权性质的投资。但是其后续计量是以公允价值计量，如发生变动需要计入其他综合收益，而不是计入损益。

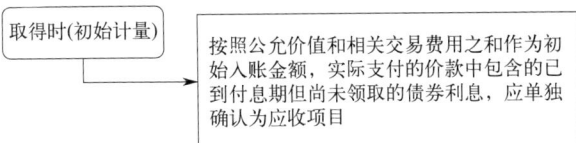

持有期间取得的利息收入，计入投资收益。资产负债表日，按公允价值计量且其变动计入其他综合收益：对于按照公允价值计量且其变动计入其他综合收益的金融资产，其公允价值变动形成的利得或损失，除其减值利得或损失和汇兑损益之外，均计入其他综合收益。

处置"其他债权投资"时，应将所取得的价款与以公允价值计量且其变动计入其他综合收益的金融资产账面价值之间的差额，计入当期损益或留存收益；之前计入其他综合收益的累计利得或损失应当从其他综合收益中转出，计入当期损益。但有例外，即对非交易性权益工具的投资，当该权益工具终止确认时，之前计入其他综合收益的累计利得或损失应当从其他综合收益中转出，计入留存收益。

举个例子

购入债券作为以公允价值计量且其变动计入其他综合收益的金融资产

2020年1月1日甲公司支付价款1 028.24万元购入某公司发行的三年期公司债券，该公司债券的票面总金额为1 000万元，票面利率为4%，实际利率为3%，利息每年末支付，本金到期支付。甲公司将该公司债券划分为以公允价值计量且其变动计入其他综合收益的金融资产。

2020年12月31日，该债券的市场价格为1 000.09万元。假定无交易费用和其他因素的影响，甲公司的账务处理（金额：万元）如下：

2020年1月1日，购入债券

借：其他债权投资——成本   1 000

     ——利息调整   28.24

  贷：银行存款   1 028.24

2020年12月31日，收到债券利息、确认公允价值变动

① 应收利息=1 000（面值）×4%（票面利率）=40（万元）

② 利息收入 =1 028.24（期初摊余成本）×3%（实际利率）=30.85（万元）

借：应收利息   40

     贷：投资收益   30.85

       其他债权投资——利息调整   9.15

借：银行存款   40

     贷：应收利息   40

③ 2020年末摊余成本 = 期初摊余成本（1 028.24）+ 利息调整（30.85-40）= 1 028.24-9.15=1 019.09（万元），因期末以公允价值计量且其变动计入其他综合收益的金融资产公允价值为1 000.09万元，其账面价值为1 019.09万元，故公允价值减少了19万元，账务处理如下：

借：其他综合收益（1 019.09-1 000.09）   19

     贷：其他债权投资——公允价值变动   19

注意：在计算公允价值变动时，一定要先计算出期末摊余成本，然后将其与公允价值进行比较，将公允价值变动计入其他综合收益。

答会计问（职场篇）

问：我在一家财务代理记账公司工作。老板找我谈话，希望我去业务部做经理。我的薪水虽然没有增长，但是提成会增长一倍。我有些犹豫是否去业务部。而且老板还说这份工作未来有很大的发展空间。我有些矛盾。

答：首先要思考一下目前的工作是否适合自己。作为一名代理记账的会计，专业能力要求非常全面。你是否胜任？其次需要考虑的是，业务经理这份工作对你所带来的挑战有多大，你是否有足够的兴趣去应对这份挑战？最后权衡一下薪酬回报与付出之间的关系。

小白建议，在没有特别客户资源的前提下，不轻易换岗。会计是一项技能，同时也要求从业者不断学习和积累经验。既然已经入了这个行业，就不要轻易放弃。做专、做精，同时尽可能考取一些含金量高的财会类证书，这样未来职业发展的道路会更加宽广。

第6章

马无夜草不
肥——负债

▼

　　之前讲到资产，是分别按照流动资产以及非流动资产进行介绍。公司的资产实际上可以为公司创造价值，但是资产的构成有的是债权性质、有的是股权性质。正如"资产等于权益"这一说法，一部分是债权人权益，一部分是股东权益。本章讲述的是公司债务，属于债权人权益的部分。绝大多数公司都会承担一定的负债，例如已计提尚未发放的员工工资，这属于无息负债；或者是从银行贷款的有息负债等。本章重点围绕公司负债进行介绍。

　　利润总额很重要，但以权责发生制为基础编制的利润表会有一个明显漏洞，那就是对资金流的忽视。本章所讨论的负债，如果运用得当，会给企业带来无限大的价值；而如果使用不得当，则可能成为风险点。

　　很多企业其实并不是因亏损而倒闭，而是因流动资金紧张，尤其是负债方面的压力而被压垮。诸如现在很多互联网公司，从其利润表看似乎年年亏损，但由于有良好的资金流动，公司依然能够顺畅经营。再如一些网店商城，其就是依托良好的资金流动，实现了健康运转。

　　正确看待负债尤为重要。

6.1 适当背负一些债务并非坏事

与客户间因业务往来，延期支付一些款项十分常见。"缺钱"似乎是许多公司经营者以及财务人员常遇到的问题。维系公司运转，资金是必不可少的。如何有效运转资金十分关键。

公司经营不可避免地需要承担一定的负债，尤其是流动负债，更是缓解"燃眉之急"的主要手段。自从上次出现资金缺口后，小明意识到不是每笔业务都需要立即付款。适当延缓付款周期，对企业营运资金是一种缓冲。对一些合作关系良好的供应商，小明决定采取延期支付的方式，或者是压下一部分资金，等下批货购入的时候再支付上批货款。

应付账款是指企业因购买材料、商品或接受劳务等应支付给货物提供者或劳务提供者的款项。虽然是一种欠款，但从某种程度上说，应付账款也有一定的融资价值，能够为公司的货币资金缺口带来一种缓冲的效果。

企业购入材料、商品等验收入库，但货款尚未支付，根据有关凭证（发票账单、随货同行发票上记载的实际价款或暂估价值），借记"材料采购""在途物资"等科目，按可抵扣的增值税额，借记"应交税费——应交增值税（进项税额）"等科目，按应付的价款，贷记本科目。

举个例子

2021 年 3 月 23 日，盛发公司从 A 公司购入 10 万元材料（不含税），增值税 1.3 万元，对方代垫运杂费 1 万元，材料已验收入库，款项在 9 月份支付。账务处理（金额：万元）如下：

借：原材料   11

　应交税费——应交增值税（进项税额）   1.3

　　贷：应付账款   12.3

如果到了 2021 年 9 月 1 日，盛发公司支付欠款给 A 公司，则

借：应付账款   12.3

　　贷：银行存款   12.3

6.2 缓解资金流压力的重要手段——票据

小明之前曾收到陈老板背书转来的银行承兑汇票，他对此印象深刻。随着业务规模不断扩大，资产日益增多，小明的公司同样可以申请使用银行承兑汇票，作为一种短期融资的方式。

票据的种类很多，比如转账支票、现金支票等。会计科目中"应付票据"针对汇票使用的情况较多，而支票并不在此科目核算。这与票据的性质有关。

转账支票开出后，收到转账支票的一方会在10日内入账，时间较短，也不存在承兑期。因此开出转账支票后，转账支票的票根即为做账依据之一，通常处理如下：

借：应付账款等

　　贷：银行存款

有一种可能，如果对方尚未将收到的转账支票入账，而本公司已经做了上述凭证，则意味着"企付银未付"的情况出现，即公司银行日记账上显示有支出，而银行流水并没有该笔支出。在期末做银行调节表的时候会被发现。

企业开出的汇票类似于"应付账款"，只是有一定"延时"。与此同时，为了弥补债权方未能及时收到款项的损失，有的汇票还可以带利息。

如小明商贸公司所欠德某润肉联厂的9万元通过银行汇票抵债支付。银行承兑汇票面值虽然是9万元，但是5个月后德某润肉联厂才可以申请兑付。为了让德某润肉联厂接受这一延迟付款，小明商贸公司申请的银行办理的汇票是带息票据，年化利率为5%。

应付票据分为两种情况，一种是带息应付票据，另一种是不带息应付票据。

（1）不带息应付票据账务处理

企业开出、承兑或以汇票抵付应付账款时：

借：材料采购（库存商品、原材料）

　　应交税费——应交增值税（进项税额）

　　贷：应付票据

支付汇票手续费时，作财务费用处理：

借：财务费用

　　贷：银行存款

到期兑付时：

借：应付票据

　　贷：银行存款

如果到期无力支付，则应将应付票据的账面余额转入"应付账款"。

（2）带息应付票据账务处理

汇票应于期末计算应付利息，并计入当期财务费用，借记"财务费用"科目，贷记"应付票据"科目。

举个例子

盛发公司为增值税一般纳税人，该企业于 2020 年 2 月 8 日开出一张面值为 113 000 元、期限为 3 个月的不带息商业汇票，用以采购一批材料。增值税专用发票上注明的材料价款为 100 000 元，增值税额为 13 000 元。

借：材料采购　　　　　　　　　　　　　　　　　100 000

　　应交税费——应交增值税（进项税额）　　　　　13 000

　　　贷：应付票据　　　　　　　　　　　　　　　　　113 000

① 假设该商业汇票为银行承兑汇票，已缴纳承兑手续费 58.5 元。

借：财务费用　　　　　　　　　　　　　　　　　　58.5

　　　贷：银行存款　　　　　　　　　　　　　　　　　58.5

② 2020 年 5 月 8 日，上述商业汇票到期，盛发公司以银行存款支付票款，

借：应付票据　　　　　　　　　　　　　　　　　113 000

　　　贷：银行存款　　　　　　　　　　　　　　　　　113 000

③ 假设上述商业承兑汇票到期时，盛发公司无力偿还，

借：应付票据　　　　　　　　　　　　　　　　　113 000

　　　贷：应付账款　　　　　　　　　　　　　　　　　113 000

6.3　预先收来的账款意味着什么？

小明经营情况实录

小明商贸公司设立了一个饮料生产部，自产 100% 纯果汁软饮料。该饮料在小明自营店销售得很好，市场非常认可。一些商家纷纷前来洽谈，想要大批量订货。但是小明自产的纯果汁软饮料由于生产规模的限制，产量有限。有一实力雄厚的蔡老板诚意十足，找到了小明，他想把未来半年的商品全部订购下来，平均每个月供

货量在 10 万元。

此时，小明已经有了扩大生产线的计划，他同意每个月月底供货 10 万元，分六个月共计 60 万元。但小明要求蔡老板在签订这份合同之后的 1 周内一次性打款给小明商贸公司 60 万元。

蔡老板同意该预付款方式，同时小明也因此极大地缓解了资金紧缺的问题，并且立即上线新生产线，加大生产力度，扩大生产规模。

小明商贸公司在收到该笔款项时，会计做账如下：

借：银行存款 600 000

　　贷：合同负债 600 000

这笔预收款对小明商贸公司而言可谓一举两得，既规避了未来产品滞销的风险，又利用该笔资金扩大了生产规模。新收入准则颁布后，履约条款在合同中明确列示，执行《企业会计准则》的企业需要使用"合同负债"科目。

每个月小明商贸公司按照合同供货给蔡老板，会计需要确认收入：

借：合同负债 100 000

　　贷：主营业务收入 88 495.58

　　　　应交税费——应交增值税（销项税额） 11 504.42

一句话经典

预收账款可以借力发力。

2017 年颁布的新收入准则使得原"预收账款"科目使用的频率降低很多，对于除租赁、保险、投资、金融资产等相关的业务之外，"合同负债"在账务处理中出现的频率大大提高。但合同负债和预收账款二者有一些区别。从字面简单理解，如果尚未签订合同，乙方收到甲方一笔款项，乙方也没有任何履约义务，这种情况可以用预收账款。如果签订了合同，明确了甲乙双方的权利和义务后，乙方收到预付款时需要使用合同负债。实务中不签订任何协议就打款的情况很少，可见预收账款使用情形也很有限。

从定义上说，合同负债是指企业已收或应收客户对价而应向客户转让商品的义务。企业在向客户转让商品之前，如果客户已经支付了合同对价，或企业已经取得了无条件收取合同对价的权利，则企业应当在客户实际支付款项与到期应支付款项孰早时点，将该已收或应收的款项列示为合同负债。

因此，除了签订合同后实际收到预付款的情况外，乙方转让商品之前，如果合同约定甲方应当支付但却没有支付预付款项，这个时候可以做一笔凭证，借记应收账款，贷记合同负债，表明虽然乙方没有发货或提供服务，但已对该合同约定的预付款项有追偿权。这一点与预收账款还是有一些区别的。

6.4 先算薪酬，再摊成本和费用

小明经营情况实录

随着小明商贸公司规模的扩大，经营变得更加规范，小明决定给全部职工上五险一金。

缴纳五险一金站在企业的角度而言需要付出的成本会更多一些。虽然员工个人薪酬会扣除一部分，但公司需要缴纳的金额会更大。

会计小白向小明介绍了成本支出，如表6-2所示。

表6-2 社会保险成本支出

险种	缴费基数	企业缴纳		个人缴纳		小计
		缴费比例	缴费金额	缴费比例	缴费金额	
养老保险	5 000.00	16.00%	800.00	8.00%	400.00	1 200.00
医疗保险	5 000.00	10.00%	500.00	2.00%	100.00	600.00
工伤保险	5 000.00	0.40%	20.00	0.00%	0.00	20.00
失业保险	5 000.00	0.80%	40.00	0.20%	10.00	50.00
生育保险	5 000.00	0.80%	40.00	0.00%	0.00	40.00
社保合计			1 400.00		510.00	1 910.00

国家近几年实施了很多减税降费政策，其中也包括降低企业缴纳养老保险的费用比例，由原来的19%降为16%。例如，小明商贸公司给员工上养老保险，如果按照19%的比例计算，缴费基数5 000元时，企业需要缴纳950元，而降低到16%后，企业缴纳800元，减少150元。许多没做过财务或不了解社保的人认为扣社保只是个人扣的部分，即个人负担8%比例的养老保险、2%的医疗保险及0.2%的失业保险，其实企业负担的比例和金额要大于个人近1 000元。

如小明商贸公司个人扣除510元，企业负担1 400元。前者510元是从职工工资里扣除的，如5 000元月薪，扣除个人负担的保险后为4 490元。而1 400元为企业负担的部分，与个人工资无关。

"应付职工薪酬"作为一项负债，每个月财务都会使用该科目做账。毕竟发放工资是每个月必不可少的事项。这里的"职工"有严格的界限，包括与企业订立劳动合同的所有人员，含全职、兼职和临时职工，也包括虽未与企业订立劳动合同但由企业正式任命的人员。

所以职工薪酬是指全部用工人员的薪酬。是否签订劳动合同并非唯一必备标准。

职工薪酬是指企业为获得职工提供的服务或解除劳动关系而给予的各种形式的报酬或补偿。企业提供给职工配偶、子女、受赡养人以及已故员工遗属及其他受益人等的福利，也属于职工薪酬，即用人的代价都属于职工薪酬。职工薪酬包括短期薪酬、离职后福利、辞退福利和其他长期职工福利等四类。这是新会计准则对职工薪酬的范围界定。其实在实务中，我们接触最多的是短期薪酬和离职后福利。

具体包括的事项如图 6-1 所示。

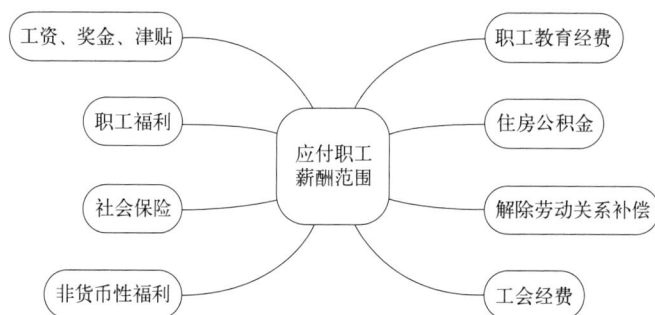

图 6-1 应付职工薪酬范围

近几年，财政部修订了应付职工薪酬准则，多数企业最为常用的是短期薪酬和离职后福利。其实就包含了我们的工资、社保、公积金等内容。

短期薪酬，是指企业在职工提供相关服务的年度报告期间结束后十二个月内需要全部予以支付的职工薪酬（因解除与职工的劳动关系给予的补偿除外），具体包括：职工工资、奖金、津贴和补贴，职工福利费，医疗保险费、工伤保险费和生育保险费等社会保险费，住房公积金，工会经费和职工教育经费，短期带薪缺勤，短期利润分享计划，非货币性福利以及其他短期薪酬。应当注意，养老保险和失业保险不包括在短期薪酬中，而属于离职后福利。

离职后福利，是指企业为获得职工提供的服务而在职工退休或与企业解除劳动关系后，提供的各种形式的报酬和福利（如养老保险、失业保险）。企业应当将离职后福利计划分类为设定提存计划和设定受益计划。其中，设定提存计划，是指向独立的基金缴存固定费用后，企业不再承担进一步支付义务的离职后福利计划，如我国目前企业参与的养老保险、失业保险；设定受益计划，是指除设定提存计划以外的离职后福利计划。

在实务中，关于职工薪酬的账务处理通常分为两步：先计提，后支付。

（1）计提

企业财务需要按照受益对象将实际发生的短期薪酬确认为负债，并计入当期损益或有关资产成本：

① 应由生产产品、提供劳务负担的职工薪酬，计入产品成本或劳务成本；

② 应由在建工程、无形资产负担的职工薪酬，计入建造在建工程或无形资产成本；

③ 企业管理人员薪酬计入管理费用；

④ 专设销售人员薪酬计入销售费用；

⑤ 研究开发人员的薪酬计入研发支出。

"应付职工薪酬"会设置二级科目，区分社保缴纳情况以及薪酬分类。需要注意从个人工资总数中扣除的社保费用以及公积金，可以通过"应付职工薪酬——工资、奖金、津贴和补贴"下的二级科目进行确认计提。而为员工缴纳的养老和失业保险，企业缴纳部分需要通过"设定提存计划"下的二级科目进行计提，实际缴纳时再做借方结转。

在实务中，应付职工薪酬因为一些做账习惯以及之前准则的规定，二级科目略有不同。但无论如何设置二级及三级科目，都需要将职工个人工资里扣除缴纳的社保与企业缴纳的社保部分进行区分，也包括公积金。同时个人所得税，企业也是从员工工资总数中代扣代缴，也需要有明细科目归类核算。这样的目的，一方面使得账目清晰细化，与人力社保部门的用工政策保持一致，另一方面可以做数据统计分析。比如全年为员工缴纳的社保、企业负担的公积金、为员工发放的非货币性福利等，都可以一目了然。下列凭证可以作为公司设定应付职工薪酬明细科目的参考。

借：管理费用、销售费用、生产成本、研发支出等
  贷：应付职工薪酬——工资、奖金、津贴和补贴
          ——代扣代缴个人所得税
          ——职工福利费

                        ——非货币性福利
                        ——工会经费和职工教育经费
                        ——设定提存计划——基本养老保险费（企业负担部分）
                                        ——基本失业保险费（企业负担部分）
                        ——住房公积金（企业负担部分）
                        ——社会福利费（企业负担的工伤、生育、医疗保险）

（2）支付

在实际支付的时候，根据支付方向入账，如个人所得税转入"应交税费——代扣代缴个人所得税"，如企业负担的社保转入"其他应付款"。

① 如直接发放给员工的实发数，则直接用银行存款支付：

借：应付职工薪酬——工资、奖金、津贴和补贴（不包括个人工资部分缴纳的社保费用）

　　贷：银行存款

② 如计提代扣代缴个人所得税时，必须通过"应交税费——代扣代缴个人所得税"科目过渡，实际纳税申报缴税后，再做一笔贷记银行存款：

借：应付职工薪酬——代扣代缴个人所得税

　　贷：应交税费——代扣代缴个人所得税

借：应交税费——代扣代缴个人所得税

　　贷：银行存款

③ 企业缴纳社保时，可以先转入其他应付款，次月缴纳的时候再做一笔银行转账凭证：

借：应付职工薪酬——工资、奖金、津贴和补贴（三级科目也可以再设定细分个人工资部分缴纳的社保费用）

　　　　　　　　　——设定提存计划——基本养老保险费（企业负担部分）

　　　　　　　　　　　　——基本失业保险费（企业负担部分）

　　　　　　　——社会福利费（企业负担的工伤、生育、医疗保险）

　　贷：其他应付款——社保机构

借：其他应付款——社保机构

　　贷：银行存款

缴存公积金情况与缴纳社保业务类似，主要区分个人扣缴部分与企业缴纳部分。

举个例子

盛发公司本期应付的职工工资总额为 100 万元。员工工资薪酬中养老保险个人支付 8 万元,医疗保险 2 万元,个人负担失业保险 0.2 万元,个人公积金扣款 10 万元,福利补贴 3 万元(购物券),代扣代缴个人所得税 1.2 万元,实发金额为 75.6 万元。同时,企业负担的社保为 28 万元(养老保险 10 万元、失业保险 2 万元以及其他企业负担的医疗、工伤、生育保险等 16 万元),公积金 10 万元。

应付职工薪酬中,生产产品的工人工资为 90 万元,企业管理人员工资为 5 万元,在建工程人员工资为 13 万元,产品销售人员工资为 20 万元,新产品研发人员工资为 10 万元。

账务处理如下:

a. 计提工资

借:生产成本   900 000

  管理费用   50 000

  在建工程   130 000

  销售费用   200 000

  研发支出   100 000

  贷:应付职工薪酬——工资、奖金、津贴和补贴——个人医疗 20 000

        ——工资、奖金、津贴和补贴——养老 80 000

        ——工资、奖金、津贴和补贴——失业 2 000

        ——工资、奖金、津贴和补贴——公积金 100 000

        ——工资、奖金、津贴和补贴——实发数 756 000

        ——福利费   30 000

        ——代扣代缴个人所得税   12 000

        ——设定提存计划——基本养老保险费 100 000

               ——基本失业保险费 20 000

        ——社会福利费   160 000

        ——公积金(企业缴纳部分)   100 000

b. 转付社保、公积金和代扣代缴个税时

借:应付职工薪酬——工资、奖金、津贴和补贴——个人医疗 20 000

	——工资、奖金、津贴和补贴——养老	80 000
	——工资、奖金、津贴和补贴——失业	2 000
	——工资、奖金、津贴和补贴——公积金	100 000
	——设定提存计划——基本养老保险费	100 000
	——基本失业保险费	20 000
	——社会福利费	160 000
	——公积金（企业缴纳部分）	100 000

贷：其他应付款——社保账户 382 000

其他应付款——公积金 200 000

转付代扣代缴个人所得税：

借：应付职工薪酬——代扣代缴个人所得税 12 000

贷：应交税费——代扣代缴个人所得税 12 000

c.实际支付社保、公积金，发放工资，代扣个税

借：其他应付款——社保 382 000

其他应付款——公积金 200 000

贷：银行存款 582 000

实际支付员工工资中实发数时：

借：应付职工薪酬——工资、奖金、津贴和补贴—— 实发数 756 000

贷：银行存款 756 000

实际代扣代缴税金后：

借：应交税费——代扣代缴个人所得税 12 000

贷：银行存款 12 000

至此，本月工资计提、发放才算完成。

小明经营情况实录

小明商贸公司自从有了生产部门后，研发生产了一系列商品，如果汁软饮料、干果系列等。临近中秋节，为了让员工也能品尝到公司生产的食品，小明决定给员工发放福利。每人按照900元标准发放。目前小明商贸公司已有职工200名，其中170名为直接参加生产的职工、30名为总部管理人员。

在发放时，从税务角度来看，这部分商品视同销售，按照售价来缴纳增值税。

小明认为每人 900 元的标准其实是成本价，但会计做账不能这样处理，需要按照该 900 元产品售价的价格计提增值税并入账。如果拿到市场销售，该商品可以销售 1 000 元，增值税适用税率为 13%。

①确认应付职工薪酬（目的是反映全部用人成本）

借：生产成本（170×1000×1.13） 192 100

　　管理费用（30×1000×1.13） 33 900

　　　贷：应付职工薪酬——非货币性福利 226 000

②发放时向职工发放自产商品作为福利，应确认主营业务收入，同时计算增值税销项税额。

借：应付职工薪酬——非货币性福利 226 000

　　贷：主营业务收入（200×1000） 200 000

　　　　应交税费——应交增值税（销项税额） 26 000

借：主营业务成本（200×900） 180 000

　　贷：库存商品——饮料 180 000

小明商贸公司该笔业务属于向职工发放非货币性福利。这在实务中经常会出现，比如生产月饼的厂家给员工发放实物月饼，生产日用品的公司为员工发放自产的劳保用品，以及一些销售贸易类公司，将购入的商品发给员工，这些都属于非货币性福利，需要列入员工个人薪金收入中。

将自产产品发放给员工的企业，以其生产的产品作为非货币性福利提供给职工，应分为两个步骤处理：

（1）确认

企业以其自产产品作为非货币性福利发放给职工时，应当根据受益对象，按照该产品的公允价值，计入相关资产成本或当期损益，同时确认应付职工薪酬。

（2）发放

把自产产品作为职工薪酬发放给职工时，相当于销售，应确认主营业务收入。

小明经营情况实录

小明商贸公司名下有一辆轿车，这辆车基本上都是小明本人在使用。因为公司法人代表是小明，而且他是股东，大家也觉得这很正常。但在一次税务稽查中，税务部门从公司资产中发现了该辆车的购买时间和使用年限等情况。经了解发现是老板一直在使用该车，因此税务部门对此情况提出质疑，要求将折旧费用计入员工个人薪酬中，并且在计算员工收入总额时也需将折旧加进来。

该车每月计提折旧为1000元，原做账为：

借：管理费用   1000

  贷：累计折旧   1000

后经调整后：

借：管理费用   1 000

  贷：应付职工薪酬——非货币性福利   1 000

借：应付职工薪酬——非货币性福利   1 000

  贷：累计折旧   1 000

小明不知不觉中，个人收入增加了1000元，可这钱他并没有实际拿到，甚至为此还可能缴纳个税。比如他一个月工资1万元，扣除个人缴纳的社保、公积金及专项扣除后是5000元，并没有超过5000元的起征点，因此无须缴纳个人所得税。但是按照此次记账调整后，小明个人收入变为1.1万元，扣除个人缴纳的社保、公积金及专项扣除后为6000元，在扣除5000元起征点后，需缴纳个税为$1000×3\%=30$元。

企业将拥有的房屋、汽车等资产无偿提供给职工使用的，应当根据受益对象，将该房屋每期应计提的折旧计入相关资产成本或当期损益，同时确认应付职工薪酬，借记"管理费用""生产成本""制造费用"等科目，贷记"应付职工薪酬——非货币性福利"科目，同时借记"应付职工薪酬——非货币性福利"科目，贷记"累计折旧"科目。

6.5 纳税是企业的责任

小明经营情况实录

一天小明接到一个电话，是税务局打来的，询问他账户资金的情况。起初小明并没有在意，但和税务人员了解后，他意识到情况的严重性。之前一家贸易公司向小明求购了一批货物，总价款为30万元。该家贸易公司的老板是通过个人账户将款项转入小明的个人账户，而小明并没有及时将这笔资金转入对公账户。税务局通过大数据，发现了情况的异常。

这种私户转账，获取的收入存在严重问题，可能涉及偷漏税。幸运的是，小明这笔款收到后，虽然没有转回到对公户，但是第一时间通知了会计小白。小白确认了未开票收入，及时进行了纳税申报。

通过申报表、交税记录等佐证材料，并且经历税务的查账，此事才算完结，免于税务的处罚，并且小明及时将这30万元转到对公账户。同时他也意识到税务系统的强大，因此更加重视纳税事项。

"应交税费"我们可以从会计科目的设置中发现该科目的复杂性，见表6-3。

表6-3 "应交税费"会计科目设置

一级科目		二级科目		三级科目	
科目编号	科目名称	科目编号	科目名称	科目编号	科目名称
2221	应交税费	222101	应交增值税	22210101	进项税额
				22210102	销项税额抵减
				22210103	已交税金
				22210104	转出未交增值税
				22210105	减免税款
				22210106	出口抵减内销产品应纳税额
				22210107	销项税额
				22210108	出口退税
				22210109	进项税额转出
				22210110	转出多交增值税
		222102	未交增值税		
		222132	预交增值税		
		222126	待抵扣进项税额		
		222127	待认证进项税额		
		222128	待转销项税额		
		222129	增值税留抵税额		
		222130	简易计税		
		222131	代扣代缴增值税		

一级科目		二级科目		三级科目	
科目编号	科目名称	科目编号	科目名称	科目编号	科目名称
2221	应交税费	222104	应交消费税		
		222105	应交资源税		
		222106	应交企业所得税		
		222107	应交土地增值税		
		222108	应交城市维护建设税		
		222109	应交房产税		
		222110	应交城镇土地使用税		
		222111	应交车船税		
		222112	应交印花税		
		222113	应交耕地占用税		
		222114	应交契税		
		222115	代扣代缴个人所得税		
		222116	应交教育费附加		
		222117	应交地方教育费附加		
		222118	应交文化事业建设费		
		222119	应交关税		
		222120	应交代扣代缴税费		

无论是个体户还是公司制企业，只要持续经营都会涉及纳税申报。在我国税法体系中，基本分为五大类：商品和劳动税税法、所得税税法、特定目的税税法、财产行为税税法、资源税税法（见图6-2）。

小明商贸公司涉及的税种与大多数企业类似，包括增值税、消费税、企业所得税和个人所得税及印花税。当然，如果涉及增值税，同时也会涉及增值税附加税，包括城市建设维护税等。

如果小明商贸公司拥有房产，那么公司还需要每年申报房产税、城镇土地使用税。

如果小明商贸公司拥有车辆，也需缴纳车船税。

账务处理上，除了增值税相对麻烦一些，其他税种的处理都较为简单。主要是在核算税金的时候，需要根据不同的税种进行计提、申报和缴纳。本节重点介绍增值税的核算方法。

目前增值税的税率分为四档：13%、9%、6%、0%。

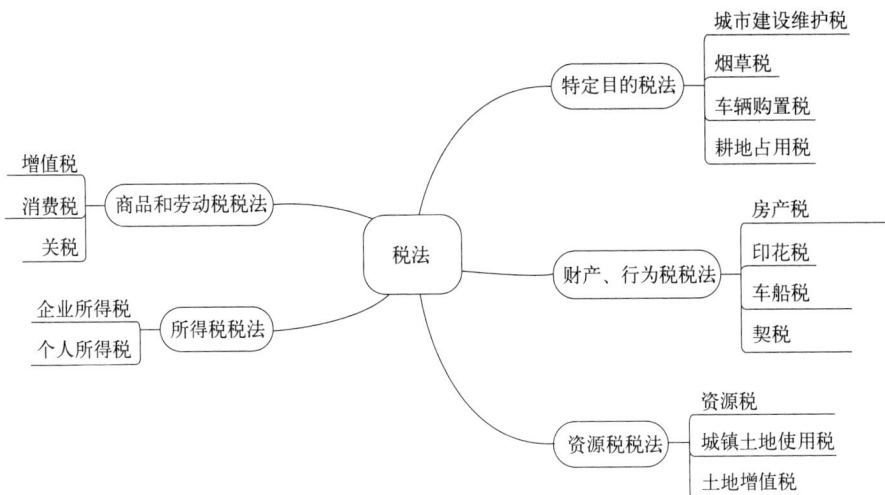

图6-2　税种分类

增值税税率分为基本税率、低税率和零税率。一般常见的税率为13%，这是增值税的基本税率，而9%和6%则为增值税的低税率。

可能有读者会问，是不是漏掉了小规模的3%和简易征收的5%这两个税率？

实际上，这两个是征收率而不是税率。增值税征收率主要是针对小规模纳税人和一般纳税人适用或者选择采用简易计税方法计税的项目。采用税率计税的，可以抵扣进项税，采用征收率计税的，则不得抵扣进项税额，但部分符合条件的项目可以选择或者适用差额征税办法。

（1）小规模纳税人的账务处理

从会计科目的设置也可以看出增值税的重要性。小规模纳税人的业务相对简单，并且不涉及增值税进项税金的抵扣。围绕增值税而设置的会计科目并不需要和一般纳税人保持一致，只需在"应交税费"科目下设置"应交增值税""转让金融商品应交增值税""代扣代缴增值税"三个二级明细科目。如：

应交税费——应交增值税

　　　　　——代扣代缴增值税

小规模纳税人购买物资、服务、无形资产或不动产时，取得增值税专用发票上注明的增值税应计入相关成本费用或资产，而不通过"应交税费——应交增值税"科目核算。

①购进货物时，其支付的增值税额不能抵扣，应计入购入货物的成本。

a. 2021年6月23日，B公司（小规模纳税人）购入货物一批，取得增值税专用发票，不含税金额为 10 000 元，税额为 1300 元。货物已验收入库，款项暂未付。其账务处理为：

借：库存商品（10 000+1 300）　　　　　　　　　　　　　11 300
　　贷：银行存款（10 000+1 300）　　　　　　　　　　　　　11 300

b. 2021 年 7 月 22 日，该小规模纳税人又购入原材料，取得的增值税普通发票上注明的金额为 150 000 元，款已用银行存款付清，材料已验收入库，其账务处理为：

借：原材料　　　　　　　　　　　　　　　　　　　　　150 000
　　贷：银行存款　　　　　　　　　　　　　　　　　　　　150 000

② 销售货物时，按不含税价格乘以征收率 3% 计算应交增值税。

振华公司为小规模纳税人，取得含税收入 103 元，其账务处理为：

借：银行存款　　　　　　　　　　　　　　　　　　　　　103
　　贷：主营业务收入［103÷（1+3%）］　　　　　　　　　　100
　　　　应交税费——应交增值税（100×3%）　　　　　　　　　3

（2）一般纳税人的账务处理

一般纳税人围绕增值税的会计科目很多，其中"应交税费——应交增值税"还会再向下设置 10 个三级科目，如表 6-4 所示。

表6-4　"应交税费——应交增值税"三级科目设置

一级科目	二级科目	三级科目
应交税费	应交增值税	进项税额
		进项税额抵减
		已交税金
		转出未交增值税
		减免税额
		出口抵减内销产品应纳税额
		销项税额
		出口退税
		进项税额转出
		转出多交增值税

增值税是一种流转税，在流转过程中对增值的部分国家会征收一定的税金。纳税人分为增值税一般纳税人和增值税小规模纳税人。二者的区别是前者可以用销项

税金抵扣进项税金，后者则是在销售货物、提供应税劳务等业务时按照3%的税额缴纳增值税，而不能抵扣进项税。

比如小明商贸公司目前为一般纳税人，本月销售商品不含税收入为100万元，销项税金为13万元。与此同时这批货物购入的成本不含税是80万元，进项增值税为10.4万元。当月，小明商贸公司缴纳的增值税应该是：

销项税金－进项税金=13-10.4=2.6（万元）

如果小明商贸公司是小规模纳税人，按照3%的税率进行纳税，则是：

100×3%=3（万元）

至于购进的库存商品需要支付的进项税金，小明商贸公司是不能抵扣的。

① 正常情况：一般纳税人采购等业务进项税额允许抵扣的账务处理

一般纳税人购进货物、加工修理修配劳务、服务、无形资产或不动产，按应计入相关成本费用或资产的金额，借记"在途物资"或"原材料""库存商品""生产成本""无形资产""固定资产""管理费用"等科目，按当月已认证的可抵扣增值税额，借记"应交税费——应交增值税（进项税额）"科目，按当月未认证的可抵扣增值税额，借记"应交税费——待认证进项税额"科目，按应付或实际支付的金额，贷记"应付账款""应付票据""银行存款"等科目。发生退货的，如原增值税专用发票已做认证，应根据税务机关开具的红字增值税专用发票做进项税额转出；如原增值税专用发票未做认证，应将发票退回并做相反的会计分录。

举个例子

盛发公司（A公司）为一般纳税人，2020年1月10日购入原材料一批，收到增值税专用发票上不含税金额200 000元，税额26 000元，材料已验收入库，货款暂未支付。其账务处理为：

借：原材料   200 000

    应交税费——应交增值税（进项税额）   26 000

    贷：应付账款   226 000

2020年2月12日，发生退货，盛发公司已经在税控系统中开具红字增值税专用发票申请单，并上传，2月18日收到对方开来的红字发票，票面不含税金额10 000元，税额1 300元。其账务处理为：

借：原材料   -10 000

<table>
<tr><td>贷：应付账款</td><td>−11 300</td></tr>
<tr><td>　应交税费——应交增值税（进项税额转出）</td><td>1 300</td></tr>
</table>

销售业务的账务处理如下：

企业销售货物、加工修理修配劳务、服务、无形资产或不动产，应当按应收或已收的金额，借记"应收账款""应收票据""银行存款"等科目，按取得的收入金额，贷记"主营业务收入""其他业务收入""固定资产清理""工程结算"等科目，按现行增值税制度规定计算的销项税额（或采用简易计税方法计算的应纳增值税额），贷记"应交税费——应交增值税（销项税额）"或"应交税费——简易计税"科目（小规模纳税人应贷记"应交税费——应交增值税"科目）。发生销售退回的，应根据按规定开具的红字增值税专用发票做相反的会计分录。

a. A 公司（一般纳税人）2021 年 7 月销售给 C 公司商品一批，并开出增值税专用发票，票面不含税金额 100 000 元，增值税 13 000 元。A 公司账务处理为：

<table>
<tr><td>借：应收账款——C 公司</td><td>113 000</td></tr>
<tr><td>贷：主营业务收入</td><td>100 000</td></tr>
<tr><td>　应交税费——应交增值税（销项税额）</td><td>13 000</td></tr>
</table>

b. C 公司财务发现 A 公司开出的发票有误，退回 A 公司重开。A 公司账务处理为：

<table>
<tr><td>借：应收账款——C 公司</td><td>−113 000</td></tr>
<tr><td>贷：主营业务收入</td><td>−100 000</td></tr>
<tr><td>　应交税费——应交增值税（销项税额）</td><td>−13 000</td></tr>
</table>

A 公司重新开具正常发票的账务处理同 a.。

月度终了，企业应当将当月应交未交或多交的增值税自"应交增值税"明细科目转入"未交增值税"明细科目。对于当月应交未交的增值税，借记"应交税费——应交增值税（转出未交增值税）"科目，贷记"应交税费——未交增值税"科目；对于当月多交的增值税，借记"应交税费——未交增值税"科目，贷记"应交税费——应交增值税（转出多交增值税）"科目。

A 公司 2021 年 5 月的销项税为 82 715.91 元，进项税为 60 887.10 元，月末计算当月应交增值税：销项税 − 进项税 =82 715.91−60 887.10=21 828.81（元）

其账务处理为：

<table>
<tr><td>借：应交税费——应交增值税（转出未交增值税）</td><td>21 828.81</td></tr>
<tr><td>贷：应交税费——未交增值税</td><td>21 828.81</td></tr>
</table>

企业交纳当月应交的增值税，借记"应交税费——应交增值税（已交税金）"科目（小规模纳税人应借记"应交税费——应交增值税"科目），贷记"银行存款"科目。

企业交纳以前期间未交的增值税，借记"应交税费——未交增值税"科目，贷记"银行存款"科目。

企业预缴增值税时，借记"应交税费——预交增值税"科目，贷记"银行存款"科目。月末，企业应将"预交增值税"明细科目余额转入"未交增值税"明细科目，借记"应交税费——未交增值税"科目，贷记"应交税费——预交增值税"科目。房地产开发企业等在预缴增值税后，应直至纳税义务发生时方可从"应交税费——预交增值税"科目结转至"应交税费——未交增值税"科目。

A 公司 2021 年 6 月申报并缴纳 5 月应交的增值税 21 828.81 元。

其账务处理为：

借：应交税费——未交增值税   21 828.81

    贷：银行存款   21 828.81

② 其他情况：采购等业务进项税额不得抵扣的账务处理

一般纳税人购进货物、加工修理修配劳务、服务、无形资产或不动产，采用简易计税方法计税项目、免征增值税项目、集体福利或个人消费等，其进项税额按照现行增值税制度规定不得从销项税额中抵扣的情况下，取得增值税专用发票时，应借记相关成本费用或资产科目，借记"应交税费——待认证进项税额"科目，贷记"银行存款""应付账款"等科目，经税务机关认证后，借记"应交税费——应交增值税（进项税额）"，贷记"应交税费——待认证进项税额"科目。进行进项税额转出时，应借记相关成本费用或资产科目，贷记"应交税费——应交增值税（进项税额转出）"科目。

需要注意的是，有些会计人员为了图方便，将收到的专票价税合计直接计入成本，即不认证也不进行进项转出处理，这种方法容易导致滞留票的产生。建议大家在收到专票后，应先进行认证（勾选）后再做进项转出。

举个例子

盛发公司为一般纳税人，2020 年 1 月 12 日，为了发放春节福利，公司将购入的一批食品礼盒发放给员工作为福利。根据增值税相关要求，购入该批食品礼盒的进项税额不能抵扣，需要做进项税额转出。该批礼盒的购入成本是 20 000 元，税额是 2 600 元。其账务处理为：

借：管理费用——员工福利　　　　　　　　　　20 000

　　应交税费——应交增值税（进项税额）　　　2 600

　　贷：应付职工薪酬——员工福利　　　　　　　　22 600

借：应付职工薪酬——员工福利　　　　　　　　22 600

　　贷：库存商品——食品礼盒　　　　　　　　　20 000

　　　　应交税费——应交增值税（进项税额转出）　2 600

作为增值税一般纳税人，正如以上案例所述，并不是所有的进项税额都可以抵扣销项，下列项目的进项税额不得从销项税额中抵扣：

a. 采用简易计税方法计税项目、免征增值税项目、集体福利或者个人消费的购进货物、劳务、服务、无形资产和不动产。

b. 非正常损失的购进货物，以及相关的劳务和交通运输服务。

c. 非正常损失的在产品、产成品所耗用的购进货物（不包括固定资产）、劳务和交通运输服务。

d. 国务院规定的其他项目。

6.6　"其他应付款"的特点是"其他"

除应付票据、应付账款、预收账款、应付职工薪酬、应付利息、应付股利、应交税费、长期应付款等以外的其他各项应付、暂收的款项都可以计入其他应付款，主要包括五类，如图 6-3 所示。

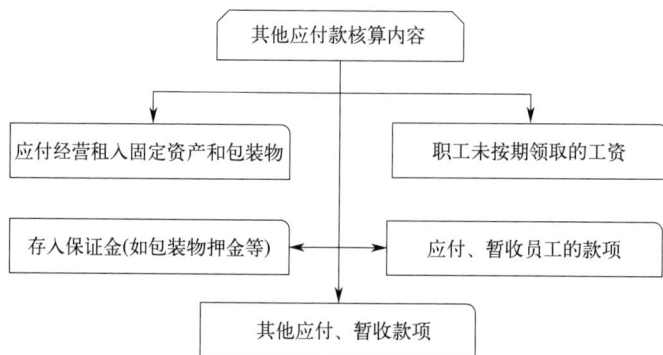

图 6-3　其他应付款核算内容

企业应设置"其他应付款"科目，贷方登记发生的各种应付、暂收款项，借方登记偿还或转销的各种应付、暂收款项，余额在贷方，表示应付未付的其他款项。

本科目应按应付、暂收款项的类别和单位或个人设置明细科目。企业发生各种应付、暂收款项时，借记"银行存款""管理费用"等科目，贷记"其他应付款"科目；支付或退回有关款项时，借记"其他应付款"科目，贷记"银行存款"等科目。

举个例子

盛发公司自 2021 年 1 月 1 日起，以经营租赁方式租入管理用办公设备一批，每月租金 6 850 元，按季度支付。

借：管理费用	6 850	
贷：其他应付款		6 850

2 月底计提应付经营租入固定资产租金的会计分录同上。

3 月 31 日，盛发公司以银行存款支付应付固定资产租金：

借：其他应付款	13 700	
管理费用	6 850	
贷：银行存款		20 550

6.7 应付债券的价值是什么？

在资产负债表中，非流动负债中有一个科目叫做"应付债券"，这是一个容易被忽视的科目。其实，在一些中小型公司，发行债券是一种实用且高效的融资方式。

根据国家有关规定，企业如果在符合条件的前提下，经批准可以发行公司债券、可转换公司债券，以及认股权和债券分离交易的可转换公司债券。其实这么多种债券中，最常见的是一般公司债券和可转换公司债券。

一般公司债券的发行方式分为三类：面值发行、溢价发行和折价发行（见图 6-4）。

无论是按面值发行，还是溢价发行或折价发行，企业均应按债券面值记入"应付债券——面值"科目，实际收到的款项与面值的差额，记入"应付债券——利息调整"科目。企业发行债券时，按实际收到的款项，借记"银行存款"等科目，按债券票面价值，贷记"应付债券——面值"科目，按实际收到的款项与票面价值之间的差额，贷记或借记"应付债券——利息调整"科目。

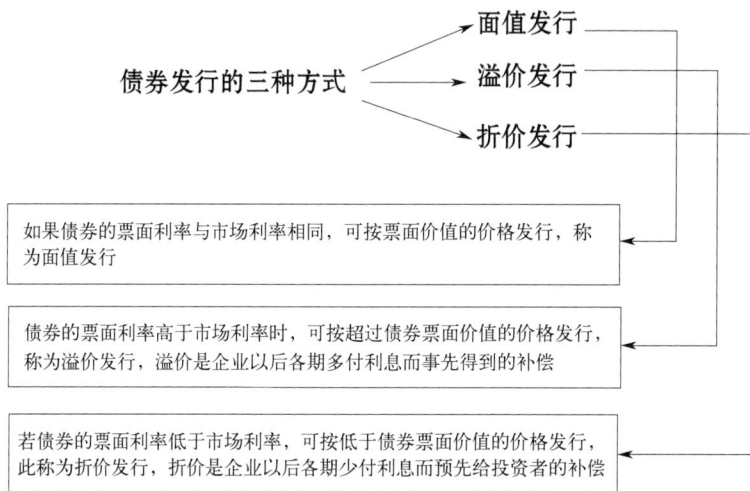

图 6-4　债券发行的三种方式

应付债券的会计处理中，难点在于利息调整的摊销。企业发行的债券通常分为到期一次还本付息或分期付息、一次还本两种（见图6-5）。

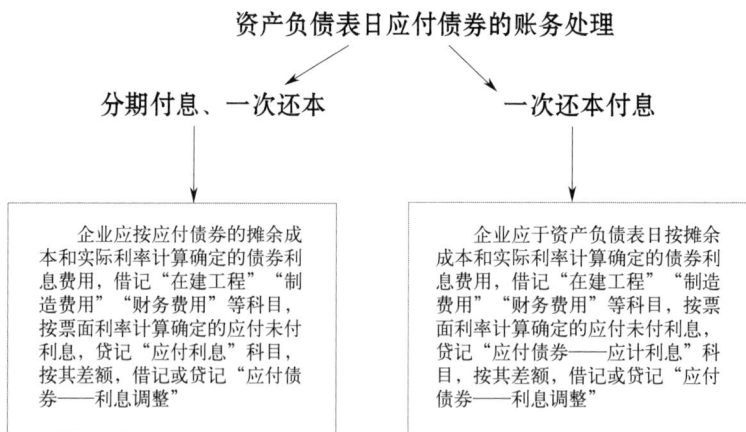

偿还应付债券的账务处理

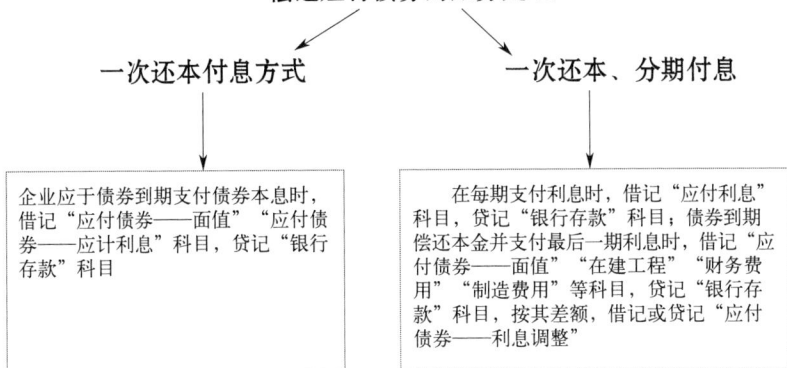

```
         偿还应付债券的账务处理
        ↙                    ↘
  一次还本付息方式        一次还本、分期付息
       ↓                       ↓
```

一次还本付息方式	一次还本、分期付息
企业应于债券到期支付债券本息时，借记"应付债券——面值""应付债券——应计利息"科目，贷记"银行存款"科目	在每期支付利息时，借记"应付利息"科目，贷记"银行存款"科目；债券到期偿还本金并支付最后一期利息时，借记"应付债券——面值""在建工程""财务费用""制造费用"等科目，贷记"银行存款"科目，按其差额，借记或贷记"应付债券——利息调整"

图 6-5 应付债券账务处理

举个例子

2021 年 1 月 1 日，盛发公司经批准发行 5 年期一次还本、分期付息的公司债券 60 000 000 元，债券利息在每年 12 月 31 日支付，票面利率为年利率 6%。假定债券发行时的市场利率为 5%。

盛发公司该批债券的实际发行价格为：

60 000 000 × (P/S，5%，5) + 60 000 000 × 6% × (P/A，5%，5) = 60 000 000 × 0.7835 + 60 000 000 × 6% × 4.3295

= 62 596 200（元）

盛发公司根据上述资料，采用实际利率法和摊余成本计算确定的利息费用见下表：

日期	现金流出（a）	实际利息费用（b）=期初（d）×5%	已偿还的本金（c）=（a）-（b）	摊余成本余额（d）=期初（d）-（c）
2021 年 1 月 1 日				62 596 200
2021 年 12 月 31 日	3 600 000	3 129 810	470 190	62 126 010
2022 年 12 月 31 日	3 600 000	3 106 300.50	493 699.50	61 632 310.50
2023 年 12 月 31 日	3 600 000	3 081 615.53	518 384.47	61 113 926.03
2024 年 12 月 31 日	3 600 000	3 055 696.30	544 303.70	60 569 622.33
2025 年 12 月 31 日	3 600 000	3 030 377.67[①]	569 622.33	60 000 000
小计	18 000 000	15 403 800	2 596 200	60 000 000

第 6 章 马无夜草不肥——负债 | **163**

日期	现金流出（a）	实际利息费用（b）= 期初（d）×5%	已偿还的本金（c）= （a）－（b）	摊余成本余额 （d）=期初（d）－（c）
2025 年 12 月 31 日	60 000 000	—	60 000 000	0
合计	78 000 000	15 403 800	62 596 200	—

① 尾数调整：60 000 000 + 3 600 000 − 60 569 622.33 = 3 030 377.67（元）。

盛发公司的账务处理如下：

2021 年 1 月 1 日，发行债券时

借：银行存款   62 596 200

    贷：应付债券——面值   60 000 000

           ——利息调整   2 596 200

2021 年 12 月 31 日，计算利息费用时

借：财务费用（或在建工程）   3 129 810

    应付债券——利息调整   470 190

    贷：应付利息   3 600 000

2021 年 12 月 31 日，支付利息时

借：应付利息   3 600 000

    贷：银行存款   3 600 000

2022 年、2023 年、2024 年确认利息费用的会计分录与 2021 年相同，金额与利息费用一览表的对应金额一致。

2025 年 12 月 31 日，归还债券本金及最后一期利息费用时

借：财务费用（或在建工程）   3 030 377.67

    应付债券——面值   60 000 000

           ——利息调整   569 622.33

    贷：银行存款   63 600 000

6.8 多长时间的借款计入长期借款?

长期借款是指企业从银行或其他金融机构借入的期限在一年以上（不含一年）的借款。它和短期借款性质一样，只是时间长短不同。由于在时间上属于跨年度，

所以其账务处理也有自身特点（见图6-6）。

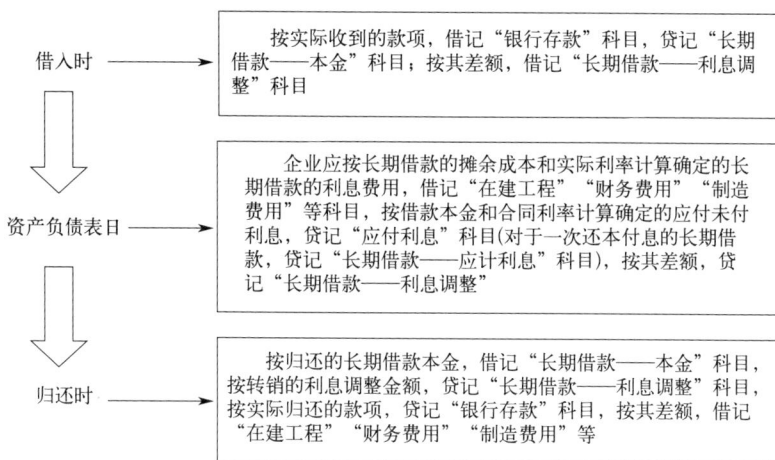

图 6-6　长期借款账务处理

举个例子

盛发公司为建造一幢厂房，于2019年1月1日借入期限为2年的长期专门借款1 500 000元，款项已存入银行。借款利率按市场利率确定为9%，每年付息一次，期满后一次还清本金。2019年初，该企业以银行存款支付工程价款共计900 000元，2020年初，又以银行存款支付工程费用600 000元。该厂房于2020年8月31日完工，达到预定可使用状态。假定不考虑闲置专门借款资金存款的利息收入或者投资收益。

该企业的有关账务处理如下：

① **2019 年 1 月 1 日，取得借款时**

借：银行存款	1 500 000
贷：长期借款——××银行——本金	1 500 000

② **2019 年初，支付工程款时**

借：在建工程——××厂房	900 000
贷：银行存款	900 000

③ **2019 年 12 月 31 日，计算 2019 年应计入工程成本的利息费用时**

借款利息 = 1 500 000 × 9% = 135 000（元）

借：在建工程——××厂房   135 000

    贷：应付利息——××银行   135 000

④ **2019 年 12 月 31 日，支付借款利息时**

借：应付利息——××银行   135 000

    贷：银行存款   135 000

⑤ **2020 年初，支付工程款时**

借：在建工程——××厂房   600 000

    贷：银行存款   600 000

⑥ **2020 年 8 月 31 日，工程达到预定可使用状态时**

该期应计入工程成本的利息 = （1 500 000×9%÷12）×8 = 90 000（元）

借：在建工程——××厂房   90 000

    贷：应付利息——××银行   90 000

同时：

借：固定资产——××厂房   1 725 000

    贷：在建工程——××厂房   1 725 000

⑦ **2020 年 12 月 31 日，计算 2020 年 9 ~ 12 月的利息费用时**

应计入财务费用的利息 = （1 500 000×9%÷12）×4 = 45 000（元）

借：财务费用——××借款   45 000

    贷：应付利息——××银行   45 000

⑧ **2020 年 12 月 31 日，支付利息时**

借：应付利息——××银行   135 000

    贷：银行存款   135 000

⑨ **2021 年 1 月 1 日，到期还本时**

借：长期借款——××银行——本金   1 500 000

    贷：银行存款   1 500 000

答会计问（职场篇）

问：我的脾气还算好，但有时候会因为一些小事和业务部门发生矛盾。比如业务部门报销时，拿来的发票公司名称写错了，但业务人员还是要求我报销。因为这些事总是有争执，有时候真不知道该如何应对？

答：会计工作其实不仅仅是简单的记账，严格审核入账票据、核对原始凭证是会计人员最基本的职责。对其他外行来说，会计的某些要求可能被视为"多此一举"，正如你提到的发票抬头问题。既然我们做这项工作，就不能在原则性问题上妥协。否则，后期可能出现各种风险。

会计人员在提高自己业务能力的同时，也需要提高沟通能力。在与人沟通的时候需要讲求方式方法，比如和其他业务部门的沟通、与税务局对接以及和领导汇报等都要注意。

一些财务高管甚至更多的是与外界打交道，比如与投资方、金融机构以及政府部门等的沟通协作。以下两点建议或许可以帮到你：

① 在不同问题的表达上要注重方式与语气，可以先站在对方的立场考虑，再循序渐进地阐明专业要求；

② 多结交一些性格不同的朋友，相互理解，互相学习。

第 **7** 章

公司真正的家底——所有者权益

▼

之前我们讲过，公司真正的资产要看所有者权益，也叫作净资产，这是股东享有的权益。股东权益一方面是股东最初投入的资产，同时还包括后期逐渐累积的利润，当然利润也可能为负数。所有者权益通过资产负债表反映，但其动态变化过程需要通过利润表体现。本章主要介绍资产负债表中所有者权益中的一些需要列示的项目及相关会计科目。

7.1 什么是做生意的"本钱"

小明经营情况实录

小明的生意做得风生水起，公司盈利非常可观，便利超市已经开了几家连锁店。这时候，小明的小学同学黄德智找到他，想商量投资入股的事。起初，小明并不同意，毕竟目前公司经营情况良好，如果引入新的投资人入股，就意味着要分出一部分股权。目前公司有两个股东：小明和老王大哥，实收资本合计6 000元。资产负债表右下位置内容如下：

所有者权益：		
实收资本	6 000.00	0.00
资本公积		
盈余公积	100 000.00	0.00
未分配利润	200 000.00	0.00
所有者权益合计	306 000.00	0.00

黄德智几乎每天都要找小明商量投资的事宜。他手里有一些闲置资金，放在银行每年的收益率仅5%左右，而一些理财产品的收益率甚至更低，投资股票则风险较大。黄德智对小明非常信任，对小明的公司，他也是很看好其未来的发展。

经过商量，黄德智愿意拿出10万元作为投资，并表示只占公司25%的股份，其余资金归公司所有。小明想：当初和老王大哥共同投资6 000元，如果黄德智投资10万元，该如何算他的股权呢？

小明和会计小白商量后，觉得公司可以增资2 000元，增资后的实收资本为8 000元，新入股的股东占股25%，按照2 000元投资，其余资金计入资本公积。

最终，双方达成一致意见。

黄德智将款10万元打入公司：

借：银行存款   100 000

 贷：实收资本   2 000

  资本公积   98 000

在实务经营中，经常会出现类似黄德智这样的投资人。他们不仅看中公司的现有价值，更看中公司未来的预期发展。还有一些天使投资人，如果对一个初创公司有信心，往往会投资几百万元，然后仅仅占该公司 20% 左右的股份。而初创公司原来的注册资金可能仅为二三十万元。

该情况的出现，有其自身的客观原因。在财务账上的处理方式就是通过"实收资本""资本公积"来处理，多余的部分放入资本公积，而根据公司章程约定，按照资金占比体现股权关系的部分放入实收资本。譬如，黄德智投资 10 万元，其中体现股权关系的部分仅为 2000 元。

目前，许多公司账面上的"实收资本"金额往往和营业执照上的注册资本并不一致。这是由于我国注册公司由实缴制改成认缴制之后，未到认缴期，股东尚未给公司打款，财务账上的"实收资本"往往是零。

需要注意的是，我国公司实收资本并不是仅仅限于货币投资，还包括非货币投资，比如固定资产、无形资产、存货等。但因为会计采用货币计量，都需要通过货币数字反映到账务上。而且有形的资产需要公允的价值，如果投入的非货币资产不能确定合理价格，则需要通过具有一定资质的机构进行评估等方式来确定合理的价格。

一句话经典

资本可以"认缴"，但有限责任公司的责任不会因"实收资本"暂时为 0 而不承担！

《公司法》第四十八条规定：股东可以用货币出资，也可以用实物、知识产权、土地使用权、股权、债权等可以用货币估价并可以依法转让的非货币财产作价出资；但是，法律、行政法规规定不得作为出资的财产除外。

（1）实收资本

实收资本是指企业实际收到的投资人投入的资本。按投资主体可分为国家资本、集体资本、法人资本、个人资本、港澳台资本和外商资本等。

实收资本是指投资者作为资本投入企业的各种财产，是企业注册登记的法定资本总额的来源，它表明所有者对企业的基本产权关系。实收资本的构成比例是企业据以向投资者进行利润或股利分配的主要依据。

实收资本是股东对公司的承诺，同时也是作为公司投资人向社会的承诺。承诺的背后就是责任。因此，即使在认缴制下注册公司，也需要量力而行，切忌脱离自身承受力的"超量"级公司。

（2）资本公积

资本公积是指企业在经营过程中由于接受捐赠、股本溢价以及法定财产重估增值等原因所形成的公积金。资本公积是与企业收益无关而与资本相关的贷项。资本公积是投资者或者他人投入到企业、所有权归属于投资者，并且投入金额上超过法定资本部分的资本。

如果说"实收资本"是公司原始投入的资本，资本公积则可算作是储备资本。二者都是资本，只不过"实收资本"是写进公司章程，在市场监管机构有备案，而"资本公积"则是股东双方商讨的事情。

刚才我们提到，小明商贸公司所有者权益金额为30.6万元，这也是公司目前的净资产，即公司的当前价值。其实，黄德智投资10万元，占股25%是很合适的。因为在其投资之前，公司已经价值30万元出头。这30万元是从最初的6千元起步，通过小明的努力，依靠每个月的利润积累逐步增加而来的。由此可见，黄德智是非常精明的投资人。虽然他投资10万元，占25%的股权，但实际上并未吃亏。

从另一个角度看，资本公积本质上是属于投资资本的范畴。它的最主要用途也是用于未来增加实收资本。

比如1年后，小明商贸公司准备增加实收资本，并进行工商信息修改，将原注册资本6000元按现有股东比例增加至60 000元：

借：资本公积   60 000

    贷：实收资本   60 000

有人可能会疑惑，既然都是投资范畴，实收资本和资本公积有什么不同呢？其实实收资本的多少，以及是否实缴，都能体现该公司的实力。公司想要有更好的发展以及寻求更有实力的合作伙伴，自身的实力很重要。而且一些行业准入也需要对实收资本有一定要求，比如金融行业、建筑行业的资质评定，以及互联网公司办理增值电信业务经营许可证等。

与此同时，实收资本是需要写入公司章程的，有限责任公司中股东需要根据注册资本承担有限责任。这是企业的担当。例如，注册1元的公司与注册资本100万元的公司，首先它们承担的责任有天壤之别。假如公司破产，注册金仅为1元的公司只需承担1元的损失，这样的企业显然难以获得合作伙伴的信任，没有公司愿意与之合作。

7.2 由利润表直达资产负债表的唯一绿色通道——本年利润

小明经营情况实录

小明商贸公司经营一段时期后，公司账面利润不错，当年有 100 万的净利润。小明召集股东，准备研究一下利润分配的问题。在开股东会之前，小明征求会计小白的意见，小白从三个角度进行了建议：

（1）虽说小明商贸公司有 100 万元利润，但账上资金仅有几万元，其他都是应收款项，这种情况下需慎重考虑分配现金股利；

（2）考虑公司债务情况，如果公司到期债务较多，同样需要慎重考虑分红；

（3）考虑各方投资人的态度，如果投资人迫切期待分红，可以根据现有资金以及债务情况，在满足未来资金流需求的前提下适当分红。必要时可以考虑转增股本，即仅是增加注册资本，股东并不会实际收到现金股利。

本节需要解决的问题是：未分配利润、盈余公积。二者均属于留存收益（图 7-1）。

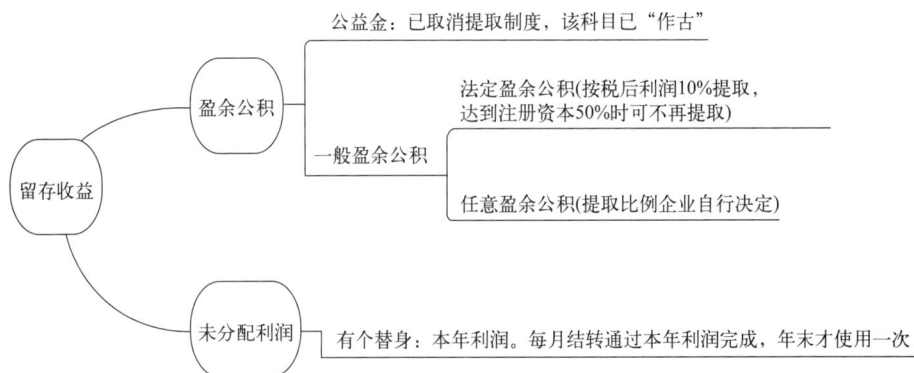

图 7-1 留存收益分类

在介绍留存收益之前，需要了解一下"本年利润"。

一句话经典

本年利润其实是未分配利润的替身，而且是出镜率极高的替身。

之前提到，资产负债是一种静态报表，用于反映某一时点的资产、负债和所有者权益情况。那么，动态数据与静态数据之间是如何切换的呢？这就好比一个水缸，每月末会测量缸内水的高度，这个数据是时点数据，即静态指标。至于缸内水的变化情况，则是需要动态指标反映的，例如缸内水注入或放出的情况。是什么原因导致水增加，又是什么原因导致水减少，这些都通过动态指标反映。在会计中，这些动态指标包括"主营业务收入""主营业务成本""管理费用""销售费用""财务费用"等，会计科目的性质都是损益类，反映到报表则是在利润表中，如"营业收入""营业成本"等列示，或者与会计科目同名的如"管理费用""销售费用""财务费用"等列示。

那么，从会计做账本身来看，动态数据，也就是期间数据在期末是如何转到静态指标上的呢？首先需要明确，公司在一个会计期间，或者说一个月内的利润是正数或者是负数，最终都要反映到公司净资产上，也就是所有者权益上。负债与股东权益的一个重要区别就在于债务需要偿还，与公司是否盈利没有任何关系。而对于股东权益则不然，公司亏损时需要减少股东权益，盈利也需要反映在股东权益上。那么，由期间利润产生的结果期末是如何反映到所有者权益中的留存收益（即盈余公积、未分配利润）部分呢？

完成这一转变的会计科目，我们称之为"本年利润"。本年利润可以看作是一条绿色通道，将动态的经营业绩情况反映至静态指标，并通过资产负债表列示来反映。

这就是会计期末常提到的月末结转。

转到哪里？

转到所有者权益里。

通过什么会计科目？

本年利润。

本年利润好比账单，公司期间经营的好与坏，都会通过该账单递交到资产负债表中的所有者权益中。

本年利润，当期无论有结余还是亏空，它都要进行会计结转。

虽然叫"本年"利润，但实际上每个月期末都要通过它结转全部损益类科目。

"本年利润"科目属于所有者权益类，借方发生代表本年亏损，贷方发生则表示本年的利润。

月末终了，结转"本年利润"仅仅是对本期间利润进行的一次了结，将期间损益的情况反映至静态指标。

年度终了，将"本年利润"账户的全部累计发生额转入"利润分配"账户：若为贷方余额（净利润），则借记"本年利润"账户，贷记"利润分配——未分配利润"账户；若为借方余额（净亏损），则借记"利润分配——未分配利润"账户，贷记"本年利润"账户。年度结账后，"本年利润"账户无余额。

上一节中，小明商贸公司资产负债表中所有者权益的部分，其盈余公积和未分配利润合计 30 万元，这就是公司经营过程中逐步累积的利润。

（1）月末结转做账

月末结转做账的分录如下：

① 结转收入

借：主营业务收入

　　其他业务收入

　　营业外收入

　　贷：本年利润

② 结转成本、费用和税金

借：本年利润

　　贷：主营业务成本

　　　　税金及附加

　　　　其他业务成本

　　　　销售费用

　　　　管理费用

　　　　财务费用

　　　　营业外支出

　　　　所得税费用

借：本年利润

　　贷：资产减值损失

③ 结转投资收益

借：投资收益

　　贷：本年利润

（净损失做相反处理）

上述结转分录可以分别做，也可以做成一个大分录：

借：主营业务收入

其他业务收入

投资收益

营业外收入

贷：主营业务成本

其他业务成本

资产减值损失

管理费用

财务费用

销售费用

税金及附加

所得税费用

营业外支出

本年利润（如果亏损，则在借方）

（2）年末账务处理

年度终了，"本年利润"总账中年末余额为零。其也完成了一年的使命，转入留存收益的科目中，即未分配利润和盈余公积。账务处理如下：

年度盈利做如下分录：

借：本年利润

贷：利润分配——未分配利润

年度亏损做如下分录：

借：利润分配——未分配利润

贷：本年利润

年度结账后，"本年利润"账户无余额。转入"利润分配——未分配利润"后，年度结转工作并没有完成，还需要根据相关法律法规以及公司章程提取盈余公积等。以下具体对留存收益相关会计科目进行介绍。

① 利润分配——未分配利润

未分配利润，顾名思义，是企业留待以后年度分配或待分配的利润。这部分的使用，企业具有很大的自主性。

我们总提到的未分配利润，其会计科目全名为：利润分配——未分配利润。

期末未分配利润＝期初未分配利润＋本期实现净利－提取的各种盈余公积－分出的利润

企业当年实现的利润总额并不是马上就转为未分配利润，而是需要按照如下顺序进行分配：

a. 弥补以前年度亏损（用利润弥补亏损无须专门做会计分录）；

b. 交所得税；

c. 提取法定盈余公积；

d. 提取任意盈余公积；

e. 分配优先股股利；

f. 分配普通股股利。

最后剩下的就是年终未分配利润。可见，未分配利润的积累，并非易事。

在具体做账的时候，"利润分配——未分配利润"仅是在年底使用一次，如前述分录：

若盈利：

借：本年利润

　　贷：利润分配——未分配利润

亏损则相反，会计科目"本年利润"也就完成了其替身的使命。如果"本年利润"在当年还有发生数，也是来年再见。

报表中的未分配利润和本年利润的关系：

① 资产负债表中的"未分配利润"项目，反映历年累计未分配的利润或亏损。本项目应根据"本年利润"科目和"利润分配"科目的余额计算填列。

② 资产负债表的"未分配利润"项目与利润表的"净利润"项目之间的勾稽公式为：

资产负债表期末未分配利润＝年初资产负债表未分配利润＋本期利润表累计净利润－提取盈余公积－分配股利＋盈余公积弥补亏损＋（或－）本年度调整以前年度损益从"以前年度损益调整"科目转入"未分配利润"的金额

---

② 盈余公积

既然盈余公积和未分配利润都是留存收益，那必然都是税后利润提取形成的，且在企业内部留存，但盈余公积一般具有特定用途，这与未分配利润不同。盈余公积的提取实际上是对企业当期实现的净利润向投资者分配利润的一种限制。提取盈余公积本身就属于利润分配的一部分，提取盈余公积相对应的资金，一经提取形成盈余公积后，在一般情况下不得用于向投资者分配利润或股利，但在满足一定条件时可以分配。

盈余公积的用途主要有三方面（见图 7-2）：

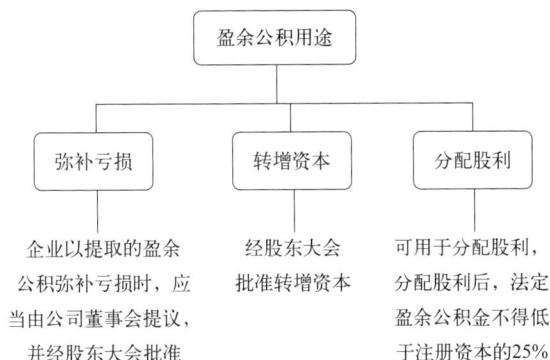

图 7-2　盈余公积用途

盈余公积的用途，并不是指其实际占用的形态，提取盈余公积也并不是单独将这部分资金从企业资金周转过程中抽出。企业提取的盈余公积，无论是用于弥补亏损，还是用于转增资本，只是在企业所有者权益内部结构的转换，如企业以盈余公积弥补亏损时，实际是减少盈余公积留存的数额，以此抵补未弥补亏损的数额，并不引起企业所有者权益总额的变动；企业以盈余公积转增资本时，也只是减少盈余公积结存的数额，但同时增加企业的实收资本或股本的数额，也并不引起所有者权益总额的变动。

以上我们提到从"本年利润"年末转入"利润分配——未分配利润"，然后需要按照比例从"利润分配——未分配利润"中提取"盈余公积"。

企业按规定提取盈余公积时，按提取盈余公积的数额，账务处理如下：

借：利润分配——提取盈余公积

　　贷：盈余公积——一般盈余公积

举个例子

① 股份公司经股东大会决议，决定将法定盈余公积 50 万元转增资本，按规定的增资程序获得批准后，该公司应做如下会计分录：

借：盈余公积——法定盈余公积　　　　　　　　　　　500 000

贷：股本 500 000

当用盈余公积弥补亏损时，借记"盈余公积——法定（或任意）盈余公积"科目，贷记"利润分配——盈余公积补亏"科目。

② 某股份有限公司发生经营亏损 20 万元，经股东大会决议，用法定盈余公积弥补。会计核算上应做如下会计分录：

借：盈余公积——法定盈余公积 200 000

贷：利润分配——盈余公积补亏 200 000

③ 某食品股份公司在 2021 年成立当年就实现税后利润 96 000 000 元，按 10% 的比例提取法定盈余公积金，股东大会决议按 20% 提取任意盈余公积金。其会计分录如下：

借：利润分配——提取法定盈余公积 9 600 000

——提取任意盈余公积 19 200 000

贷：盈余公积——法定盈余公积 9 600 000

——任意盈余公积 19 200 000

举个例子

盛发公司假如在 2021 年 12 月 1 日成立，12 月尚未结转当期利润时，损益类科目 12 月余额表（单位：万元）如下：

损益类科目	期初余额		本期累计数		期末余额	
	借方	贷方	借方	贷方	借方	贷方
主营业务收入	0	0	0	344		344
主营业务成本	0	0	90	0	90	
税金及附加	0	0	4	0	4	
管理费用	0	0	12	0	12	
财务费用	0	0	1	0	1	
销售费用	0	0	10	0	10	
资产减值损失	0	0	4	0	4	
营业外收入	0	0	0	2		2
营业外支出	0	0	3	0	3	
所得税费用	0	0	22	0	22	
合计	0	0	146	346	146	346

根据余额表进行本年利润（金额：万元）的月度结转：

借：主营业务收入	344
营业外收入	2
贷：主营业务成本	90
税金及附加	4
管理费用	12
财务费用	1
销售费用	10
资产减值损失	4
营业外支出	3
所得税费用	22
本年利润（倒挤）	200

"本年利润"年度结转前期末贷方为 200 万元。然后再对其进行留存收益的提取和利润分配。2022 年 2 月 28 日，按净利润的 10% 提取法定盈余公积（金额：万元）：

借：利润分配——提取法定盈余公积（200×10%）	20
贷：盈余公积	20
借：利润分配——未分配利润	20
贷：利润分配——提取法定盈余公积	20

2022 年 3 月 1 日，董事会制定的利润分配方案为：分配现金股利 50 万元，分配股票股利 100 万元；制定利润方案时，不进行相关账务处理，但应在会计报表附注中披露。

2022 年 4 月 1 日，股东大会批准的利润分配方案为：分配现金股利 60 万元，分配股票股利 100 万元。盛发公司只对分配现金股利进行账务处理如下：

借：利润分配——应付现金股利	60
贷：应付股利	60
借：利润分配——未分配利润	60
贷：利润分配——应付现金股利	60

注：在办妥增资批准手续前，股票股利不进行账务处理。

2022 年 5 月 1 日，盛发公司办妥了增资手续。

答会计问（职场篇）

问：最近我遇到一个棘手的问题，业务部门找到我们财务，要求开具一张含税价格为 50 万元的增值税专用发票，项目为"咨询服务费"。我找到业务部门要合同，但他们说这是老板特意安排的，目前还没有签订合同。至于具体业务，业务部门也不太清楚。对于这种情况，我作为财务人员，是否可以开具发票？

答：会计岗位责任重大，尤其是在涉及虚开增值税发票的问题上，后果可能非常严重。根据《中华人民共和国刑法》第二百零五条的规定：虚开增值税专用发票或者虚开用于骗取出口退税、抵扣税款的其他发票的，处三年以下有期徒刑或者拘役，并处二万元以上二十万元以下罚金；虚开的税款数额较大或者有其他严重情节的，处三年以上十年以下有期徒刑，并处五万元以上五十万元以下罚金；虚开的税款数额巨大或者有其他特别严重情节的，处十年以上有期徒刑或者无期徒刑，并处五万元以上五十万元以下罚金或者没收财产。

所以虚开发票是财务工作中必须杜绝的行为，作为会计人员务必要坚持原则，同时也要保护好自己。

针对业务部门或老板强烈要求开票的情况，财务人员必须对所开具的发票真实性负责，至少需要取得相关支撑业务真实性的材料，比如合同、发票、银行流水等。

如果确实出现这种情况，务必要核实业务真实性，并向相关负责人讲清虚开发票的严重性。如果确认业务真实存在，可以开具发票；但如果业务真实性存疑，务必谨慎。即使会计在不知情情况下参与虚开发票，也是会受到牵连。

因此，如果出现该情况，应当考虑及时调整职业选择，必要时果断离职。

第 **8** 章

利润会像洋葱一样层层剥皮

▼

　　上一章我们主要讲述了损益类科目的期末结转。"本年利润"发挥了至关重要的作用。然而在资产负债表和利润表中，并看不到"本年利润"这个列示，实际上其通过"未分配利润"在资产负债表中列示。"本年利润"在总账中反映的是一个结果，而且作为结果反映到资产负债表中了。但如果想更全面透彻地了解公司期间内利润构成、收入费用成本的具体情况，则需要从利润表入手。本章从毛利讲起，按照利润表的顺序，对利润进行层层剖析。

8.1 会计概念中的各种"利润"

小明经营情况实录

月底，小明拿到财务报表（见表8-1），发现公司营业利润居然是亏损。小明思索了一下，本月销售商品收入有2万元，劳务收入2 000元，这两笔加一起2.2万元，虽然不够支付人员工资，但公司本月发生了一件意外事件——公司有辆货车出了车祸。虽然人员没事，但是车辆毁损，最终报废。但这辆车已经提完折旧，保险公司赔付了1.5万元，该款项已打入公司对公账户。小明觉得公司不应该亏损，于是找来会计小白询问。

表8-1 利润表

会企02表
单位：元

编制单位：　　　　　　___年___月

项　目	本期金额	上期金额
一、营业收入	22 000	
减：营业成本	18 000	
税金及附加		
销售费用		
管理费用	7 000	
研发费用		
财务费用		
其中：利息费用		
利息收入		
资产减值损失		
信用减值损失		
加：其他收益		
投资收益（损失以"–"号填列）		
其中：对联营企业和合营企业的投资收益		
净敞口套期收益（损失以"–"号填列）		
公允价值变动收益（损失以"–"号填列）		
资产处置收益（损失以"–"号填列）		
二、营业利润（亏损以"–"号填列）	–3 000	
加：营业外收入	15 000	
减：营业外支出		
三、利润总额（亏损总额以"–"号填列）	12 000	
减：所得税费用		
四、净利润（净亏损以"–"号填列）		

小白会计解释说，公司的营业利润虽然是-3 000元，但是利润总额达到了12 000元。小明有些不解，为什么1.5万元要列在营业外收入，而不是营业收入呢？小白会计告诉小明，虽然这1.5万元也是收入，但是要看收入的成因。对于这种经营范围内的非正常收入，是不能计入"营业收入"（会计科目中是主营业务收入和其他业务收入）中的。

　　前几章我们介绍的资产、负债和所有者权益，这几个指标都是静态指标。公司必须要运转，运转过程中需要通过收入、费用、利润来反映经营状况。收入、费用、利润叫做动态要素。本章的关键词是"利润"。要理解会计中的利润，就要从利润表中去了解。利润表中有三种利润，也可以说是由三个层次构成：营业利润、利润总额和净利润。

　　但是在营业利润之前还有一个是毛利润，虽然它没有列示在利润表中，但毛利的重要性不容忽视，而且与公司实际经营有着密切关联

　　毛利润＝营业收入－营业成本
　　营业利润＝毛利润（营业收入－营业成本）－税金及附加－销售费用－管理费用－财务费用－资产减值损失－信用减值损失＋公允价值变动收益（如为负数则减）＋投资收益（如为负数则减）＋资产处置收益（如为负数则减）＋其他收益
　　利润总额＝营业利润＋营业外收入－营业外支出
　　净利润＝利润总额－所得税费用

　　具体理解介绍如下。
　　毛利润：简称毛利，我们常听到毛利这个词，其实毛利这个概念非常重要，它体现了公司盈利的能力。我们用毛利润除以营业收入，会得出毛利率，这个指标被频繁使用。如果一家公司毛利率只有10%，甚至更低，该公司很难有市场竞争力。通常餐饮行业毛利可以达到60%，甚至更高。也就是说，一盘鱼香肉丝，其成本只有10元，但菜单上标价可能是30元，甚至更高。卖掉鱼香肉丝这盘菜，其毛利润是20元（30-10），其毛利高达66.7%。但是饭店真的赚这么多吗？
　　营业利润：刚才我们讲了一盘鱼香肉丝的毛利润是20元，毛利率达到60%以

上，但是维持一家餐厅是很复杂的事情，需要支付房租、管理人员的工资，还需要宣传费用等。所以从毛利开始，后面的利润可以看作是"拔毛"的过程。要计算公司的营业利润，则需要经历非常复杂的"拔毛"，不仅要剔除管理费用、销售费用、财务费用等期间费用，同时还需要加上投资收益、公允价值变动损益等。公式如前所示。

利润总额：利润总额的计算相对营业利润简单了很多，仅需要将营业外收支的情况计算进来就可以。

净利润：从利润总额到净利润就变得很简单了，仅需将所得税费用减除即可。

本章所讲述的会计科目，均为损益类科目，期末没有余额，月末都会结转至"本年利润"中，并反映至资产负债表的所有者权益的"未分配利润"中。

会计科目中的"主营业务收入""其他业务收入"其实是反映我们营业执照中经营范围内的事项。小明商贸公司是贸易类公司，那么其销售商品是主营业务。

小明商贸公司经营范围：农产品、粮油、畜禽产品、乳制品、水产品，以及上述产品的加工品、食品添加剂、调味品、饮料、酒类的批发及零售；农副产品的收购；饮料、服装、化妆品、饰品、工艺礼品的批发及零售；劳务服务。

从营业执照可以看出，小明商贸公司主营业务是销售。但最后有一项内容是劳务服务。恰巧当月，小明商贸公司承揽了一项劳务业务，帮助某生产厂家搬运一些货物。对方给公司打款 2 000 元，该笔收入则计入"其他业务收入"。

损益类科目为什么不在期末借方或贷方留下余额呢？

深究这个问题，其实要追溯到会计第一恒等式以及公式的演变。按照常理来思考，企业经营了一个月，总要做一个总结，看看是赚钱还是亏本。

损益类科目当月必须了结。

当然，我们会计实行的是权责发生制，同时企业早已采用银行结算的方式经营业务。因此，到月底会计们坐在一起数钞票就显得不切实际了。会计结算的方式就是通过"本年利润"与损益类科目的结转来完成。

损益类科目转不干净会发生什么情况呢？

① 账不平，资产负债表不平；

② 本期利润不准确。

所以，每月结账出报表前，务必要检查总账余额表中损益类科目期末是否有余额。即便只是几角钱的管理费用，也会导致会计记账工作出现重大错误。

回到经营实录中，主营业务收入、其他业务收入如何划分，需要根据公司性质而定。所以没有必要对某种业务去定义为是主营还是非主营业务。别看简单的销售，但在实际业务中经常会遇到各种各样的销售方式。

本月针对小明商贸公司营业收入，做如下账务处理：

借：银行存款	22 600
贷：主营业务收入	20 000
应交税费——应交增值税（销项税额）	2 600

结转成本：

借：主营业务成本	18 000
应交税费——应交增值税（进项税额）	2 340
贷：库存商品	20 340

这两笔凭证是商贸类公司最为典型的收入与成本结转。确认销售收入的同时，也需要对成本进行结转。同时也能从两笔凭证中体现出增值税的进项与销项之比情况。

实务中，一般业务虽然很常见，但商家为了促销或实现某种目的，销售方式可谓五花八门，比如充值会员卡返现、分期收款销售、现金折扣、销售折让等。接下来，我们将结合小明商贸公司出现的一些业务逐项进行讲解。

分期收款销售

小明商贸公司于 2019 年 6 月 1 日采用分期收款方式销售了一批货物，售价50 000 元，增值税率为 13%，实际成本为 30 000 元。合同约定款项分 5 个月平均收回，每月的付款日期为月末最后一个工作日，并在商品发出后先支付第一期货款。每月收回货款 10 000（50 000÷5）元。

小明商贸公司的财务应做如下会计分录（假定符合销售商品收入确认的所有条件）：

① 发出商品时

借：发出商品	30 000
贷：库存商品	30 000

② 每月 1 日

借：应收账款（或银行存款）	11 300

　　　　贷：主营业务收入　　　　　　　　　　　　　　　　10 000

　　　　　　应交税费——应交增值税（销项税额）　　　　　1 300

　③同时结转商品成本 =30 000÷50 000×10 000=6 000 元

　借：主营业务成本　　　　　　　　　　　　　　　　　　6 000

　　　　贷：分期收款发出商品　　　　　　　　　　　　　　6 000

　　分期收款销售，是商品已经交付，但货款分期收回的一种销售方式。分期收款销售的特点是销售商品的价值较大，收款期较长，收取货款的风险较大。因此，分期收款销售方式下，企业应按照合同约定的收款日期分期确认销售收入。

　　购物卡充值收入

　　小明超市推出了一种新的营销方式，销售超市预付款，充值 1 000 元可以赠送 200 元。

　　①顾客充值时

　　顾客充值 1 000 元，但卡中可用金额为 1 200 元，其折扣率 =1 000/1 200=83.33%，在实际发生时需要按照折扣确认收入。考虑增值税影响，收到的 1 000 元未来确认的收入为 1 000÷（1+13%）=884.95 元。

　　借：银行存款　　　　　　　　　　　　　　　　　　1 000.00

　　　　贷：合同负债——预付卡充值　　　　　　　　　　884.95

　　　　　　应交税费——待转销项税额　　　　　　　　　115.05

　　②顾客使用该预付款消费 200 元的账务处理

　　考虑到顾客充值时的折扣率为 83.33%，顾客实际消费的含税金额为 200×83.33%=166.67 元。购买货物的不含税金额为 166.67÷（1+13%）=147.49 元。

　　账务处理如下：

　　借：合同负债　　　　　　　　　　　　　　　　　　　147.49

　　　　应交税费——待转销项税额　　　　　　　　　　　　19.17

　　　　贷：主营业务收入　　　　　　　　　　　　　　　147.49

　　　　　　应交税费——应交增值税（销项税额）　　　　　19.17

　　销售退回和销售折让

　　小明商贸公司售给达兴公司一批商品，增值税发票上的售价为 80 000 元，增值税额为 10 400 元。该批货物购入成本为 60 000 元，进项税额为 7 800 元。但是货到后买方发现商品质量不达标，要求在价格上给予 5% 的折让。

① 销售实现时，小明商贸公司应做如下会计分录

借：应收账款——达兴公司   90 400

    贷：主营业务收入   80 000

      应交税费——应交增值税（销项税额）   10 400

借：主营业务成本   60 000

    贷：库存商品   60 000

② 发出销售折让时

借：主营业务收入   4 000

    应交税费——应交增值税（销项税额）   520

    贷：应收账款——达兴公司   4 520

"主营业务收入"在贷方表示收入增加，但是如果发生在借方，则表示收入的冲回。该凭证也可以写在贷方，但需要以负数表示。

③ 实际收到款项时

借：银行存款   85 880

    贷：应收账款——达兴公司   85 880

若达兴公司不是要求折让，而是全额退货，那么小明商贸公司需要全额冲回该笔收入，同时将全部成本相应再转回去。

借：主营业务收入   80 000

    应交税费——应交增值税（销项税额）   10 400

    贷：应收账款——达兴公司   90 400

借：库存商品   60 000

    贷：主营业务成本   60 000

涉及现金折扣的销售

小明商贸公司在 2020 年 5 月 1 日销售 100 件商品，增值税发票上注明货款为 10 000 元，增值税额为 1 300 元。该库存商品成本为 8 000 元，进项税额为 1 040 元。

小明为了尽快回笼资金，对单笔销售额大于 1 万元的业务，可以给予一定现金折扣。折扣条件如下：

10 天内支付货款，给予 2% 的现金折扣；

10 天以上 20 天内支付货款，给予 1% 的现金折扣；

其他时间则没有任何现金折扣。

因为销售收入在签订合同之后就已经确认，所以现金折扣仅限于不含税收入的部分，即在 10 000 元的基础上打折。

5 月 1 日销售实现时，应按总售价作收入：

借：应收账款　　　　　　　　　　　　　　　　11 300
　　贷：主营业务收入　　　　　　　　　　　　　　10 000
　　　　应交税费——应交增值税（销项税额）　　　1 300
借：主营业务成本　　　　　　　　　　　　　　　8 000
　　贷：库存商品　　　　　　　　　　　　　　　　8 000

如 5 月 9 日买方付清货款，则按照售价 10 000 元的 2% 享受 200 元（10 000×2%）的现金折扣，小明商贸公司应记录：

借：银行存款　　　　　　　　　　　　　　　　11 100
　　财务费用　　　　　　　　　　　　　　　　　　200
　　贷：应收账款　　　　　　　　　　　　　　　11 300

现金折扣其实是公司为了尽快回笼资金采用的一种手段，其本质是缩短付款周期、防范信用风险。因此，现金折扣要计入 200 元。小明的考虑是：如果快速回款，可以用钱继续购入存货，同时避免去银行贷款。快速收回本是自己的钱，总比贷款强。因此现金折扣的金额要计入"财务费用"。

如 5 月 18 日买方付清货款，则应按照售价 10 000 元的 1% 享受现金折扣 100 元（10 000×1%），小明商贸公司应记录：

借：银行存款　　　　　　　　　　　　　　　　11 200
　　财务费用　　　　　　　　　　　　　　　　　　200
　　贷：应收账款　　　　　　　　　　　　　　　11 300

如买方在 5 月底才付款，则应按全额付款，小明商贸公司应记录：

借：银行存款　　　　　　　　　　　　　　　　11 300
　　贷：应收账款　　　　　　　　　　　　　　　11 300

代销方式销售

小明的朋友陈强代理某品牌手机的销售，陈强找到小明，希望他帮助销售该品牌手机。小明认为现有的销售卖场规模较小，拓展手机销售可能会带来亏损。但陈强解释说，小明不需要花费任何费用，甚至摆在超市的手机样品也不需要小明支付。只要超市卖出一台手机，就可以按售价的 10% 支付报酬给小明，作为代销手续费。

小明想了想，反正自己不需要承担任何成本，帮助陈强卖手机也无妨。兴许还可以赚一些报酬。

陈强公司将两部手机放到小明超市代为销售。两部手机售价为 5000 元一部。陈强公司每部手机的成本在 3000 元。

假定代销合同约定，小明超市需按每部 5000 元的价格售给顾客，并按售价的 10% 获取代销手续费。

本月，小明超市成功将两台手机全部售出，销售收入共计 10 000 元。小明超市向顾客开具增值税专用发票，发票上注明手机售价 10 000 元，增值税额 1 300 元。同时小明超市向陈强公司开具了代销清单。陈强公司在收到代销清单后，向小明超市开具了面值等额的增值税专用发票。

小明商贸公司应做如下会计分录：

收到陈强的商品时：

借：受托代销商品   10 000

 贷：代销商品款   10 000

实际销售时：

借：银行存款   11 300

 贷：应付账款——陈强   10 000

   应交税费——应交增值税（销项税额） 1 300

小明将代销清单发给陈强，陈强开出等值的增值税发票给小明：

借：应交税费——应交增值税（进项税额） 1 300

 贷：应付账款——陈强   1 300

借：代销商品款   10 000

 贷：受托代销商品   10 000

归还陈强货款并计算代销手续费时：

借：应付账款——陈强   11 300

 贷：银行存款   10 300

   主营业务收入   1 000

我们延伸一下，作为陈强的公司，应做如下会计分录：

陈强的公司将手机商品交付小明时：

借：发出商品   6 000

贷：库存商品	6 000

陈强公司收到代销清单时：

借：应收账款——小明	11 300
贷：主营业务收入	10 000
应交税费——应交增值税（销项税额）	1 300

借：销售费用——代销手续费	1 000
贷：应收账款——小明	1 000

收到小明商贸公司汇来的货款净额 10 300（11 300-1000）元时：

借：银行存款	10 300
贷：应收账款——小明	10 300

代销方式销售商品在实际业务中经常出现。代销方并不需要支付购货成本，仅负责代销，同时赚取一定比例的手续费。对于代销方，收取的手续费类似劳务报酬收入。正如小明商贸公司，其通过代销赚取了 1 000 元手续费。

对于陈强公司，即委托方，应在受托方已将商品售出，并向委托方开具代销清单时确认收入；而受托方在商品销售后，按应收取的手续费确认收入。

不跨年度的劳务收入

小明商贸公司主要从事商品贸易，包括批发和零售业务。但其营业执照中有劳务服务一项。也就是说在营业范围内，可以做一些劳务服务。小明的贸易伙伴钱某希望小明安排一些保洁人员为他们公司进行一次卫生清洁工作。小明随即安排自己公司的保洁阿姨前往钱某公司进行全面清扫。清洁完成后，钱某公司通过银行转账支付小明商贸公司 4 000 元，小明商贸公司为此开具了增值税专用发票（含税为 4 000 元。）

借：银行存款	4 000
贷：其他业务收入	3 773.58
应交税费——增值税（销项税额）	226.42

托收承付或委托收款销售

大华公司于 9 月 15 日根据合同售给南山公司 A 商品 500 件，增值税专用发票列明商品价款 44 247.79 元、增值税额 5 752.21 元，共计 50 000 元，商品已经发出。同时大华公司以银行存款代垫运费 2 000 元（发票已经转交）。货款及代垫运费已向银行办妥托收手续，并取得托收承付结算凭证回单。分录如下：

借：应收账款——南山公司   52 000

   贷：主营业务收入   44 247.79

      应交税费——应交增值税（销项税额）   5 752.21

      银行存款   2 000

当大华公司收到银行转来的南山公司承付货款及代垫运费 52 000 元的收账通知时，应记录：

借：银行存款   52 000

   贷：应收账款——南山公司   52 000

8.2　从毛利润中拔出"三毛"！

上一节我们讲了营业收入、营业成本。营业收入减去营业成本，所得的结果叫做毛利润。

本节所说的先从毛利润中拔掉的"三毛"其实是期间费用，这些费用包括管理费用、销售费用、财务费用。

这三项费用是企业经营过程中基本都会发生的。诸如公司管理人员的办公用品、办公设备折旧摊销、办公人员工资等计入"管理费用"，销售人员的工资、发生的广告费等计入"销售费用"。此外，一些银行手续费、汇兑损益，以及银行结息等都会放入财务费用，当然银行结息是冲财务费用的借方，相当于财务费用发生的负数。

这"三毛"同样属于损益类科目，期末都需要结转，归入本年利润。

& 拔第一根毛——管理费用 &

管理费用是指企业为组织和管理生产经营活动而发生的各种费用，包括企业在筹建期间发生的开办费、董事会和行政管理部门在企业经营管理中发生的或者应由企业统一负担的公司经费（包括行政管理部门职工薪酬、物料消耗、低值易耗品摊销、办公费和差旅费等）、工会经费、董事会费（包括董事会成员津贴、会议费和差旅费等）、聘请中介机构费、咨询费（含顾问费）、诉讼费、业务招待费、技术转让费、矿产资源补偿费、排污费以及行政管理部门发生的固定资产修理费等。

管理费用根据具体需要设置二级科目，进行具体费用的归类。表 8-2 是管理费用经常用到的明细科目，但根据公司情况会有所增减。

表 8-2　管理费用明细科目

一级科目	二级科目	具体核算内容
管理费用	折旧费	公司当月非生产、销售经营用各类固定资产（含房屋、围墙、道路、设备）、办公设施和运输工具计提的折旧费用
	办公费	公司各部门因办公需要发生的费用开支及材料消耗，主要指办公用品、办公耗材、标牌、印章、设计用图纸费、对内业务宣传（如横幅及各种活动宣传用品）等
	差旅费	公司各部门发生的出差费用，含车船飞机费、住宿费、过路过桥费、会务费、补助、出差打的费、带车出差发生费用、出国人员的出差费用，按合同规定的探亲费用以及配偶来公司探亲费用等
	交通费	公司各部门发生的市内交通费用，含加班、晨会交通费和班车费等
	修理费	公司部门各类固定资产（含房屋、围墙、道路、设备）、办公设施、运输工具（不含各部门工作用车）等发生备件、工具、辅助材料、外包维修费等各项修理费用支出
	运输费	公司部门（不含销售部门）发生的运输费用
	水电费	公司各办公部门发生的电费、水费
	车辆费用	公司领导用车和部门工作用车发生的汽油费、养路费用、车辆维修费以及公司所有车辆（含运输车辆）的年检费、养路费（车辆保险属于财产保险费）
	业务招待费	公司用于非销售业务招待方面的费用开支，如茶叶、招待餐费等
	劳动保护费	公司各部门发生用于劳动保护方面的费用，如劳保手套、安全帽、防暑降温用品等
	图书资料费	公司发生的用于购买图书资料、杂志、报刊等方面的费用（设计用图纸费纳入办公费核算）
	安全费	公司外委保安公司发生的费用支出以及购置消防耗材发生的费用
	咨询费	公司在审计及技术咨询、项目评审等方面发生的费用
	印刷费	公司在生产经营中发生的各种内部单据印刷发生的费用，如表格、单据、信件、名片等
	招聘费	公司人力资源部在员工招聘过程中发生的费用，如场地使用费、应聘人员来公司路费、体检费、报刊杂志上的招聘广告等（不包括公司招聘人员发生的差旅、电话费等）
	快递费	公司生产经营发生的邮寄包裹、信件费用以及 EMS 费用等
	通讯费	公司的座式以及手提式电话（手机、小灵通、2 000 元以下传真机）发生的电话、传真费用以及购买、修理上述器材发生的费用
	过路过桥费	行政管理车辆发生的高速费等
	董事会费	董事会及其成员为执行职能而发生的费用，如差旅费、会议费等
	物业管理费	公司用于行政管理的物业交由内部、外委物业公司管理发生的费用支出
	会务费	核算公司职能部门有关人员参加各类会议的费用支出
	诉讼费	公司因起诉或应诉而发生的费用

& 拔第二根毛——销售费用 &

销售费用是指企业在销售商品和材料、提供劳务过程中发生的各项费用，包括企业在销售商品过程中发生的包装费、保险费、展览费和广告费、商品维修费、预计产品质量保证损失、运输费、装卸费等，以及企业发生的为销售本企业商品而专设的销售机构的职工薪酬、业务费、折旧费、固定资产修理费等费用，明细科目参见表 8-3，根据公司情况会有不同。

表8-3　销售费用明细科目

一级科目	二级科目	具体核算内容
销售费用	包装费	销售部门发生的产品包装费用
	运输费	销售商品过程中发生的运输费
	装卸费	销售商品过程中发生的装卸费
	展览费	用于商品展览、推广的费用
	广告宣传费	用于广告宣传推广的费用
	工资	销售人员工资及保险等
	售后服务费	销售商品发生的售后服务费用
	折旧费	与销售相关的资产折旧
	办公费	与销售部门相关的办公费
	差旅费	销售人员外出发生的差旅费
	投标费用	用于投标的费用
	水电费	销售部门发生的水电费
	车辆使用费	用于销售目的发生的车辆使用费
	仓储保管费	用于销售商品而发生的仓储保管费

举个例子

小明商贸公司便利超市新进了一批货，准备发布一些网络营销广告。他们在网络平台花费了1万元的广告推送费。同时销售推广部本月其他支出如下：

购进办公用品200元；

人员工资8 000元；

制作招牌广告300元；

印制宣传册1 200元。

期末财务做账情况如下：

借：销售费用——工资　　　　　　　　　　　　　　　　　　8 000

　　贷：应付职工薪酬　　　　　　　　　　　　　　　　　　8 000

借：销售费用——办公用品　　　　　　　　　　　　　　　　200

　　　　　　　——广告费　　　　　　　　　　　　　　　1 500

　　贷：银行存款　　　　　　　　　　　　　　　　　　　1 700

期末通过"本年利润"了结：

借：本年利润　　　　　　　　　　　　　　　　　　　　　9 700

　　贷：销售费用——工资　　　　　　　　　　　　　　　8 000

　　　　　　　　——办公用品　　　　　　　　　　　　　200

　　　　　　　　——广告费　　　　　　　　　　　　　1 500

本年利润在借方，表示利润的减少，这一过程形象地体现了"拔毛"的过程。

& 拔第三根毛——财务费用 &

财务费用是指企业为筹集生产经营所需资金等而发生的筹资费用，包括利息支出（减利息收入）、汇兑损益以及相关的手续费、企业发生的现金折扣或收到的现金折扣等，明细科目参见表8-4。

表8-4 财务费用明细科目

一级科目	二级科目	具体核算内容
财务费用	利息收入	在本科目贷方核算利息收入
	利息支出	本科目借方核算公司借款利息支出
	汇兑损益	借方核算汇兑损失，贷方核算汇兑收益
	手续费	办理银行转账、网银费用等手续费
	贴现利息	将尚未到期汇票在金融机构贴现所支付的利息
	现金折扣	为尽快回收应收款项所支付的折扣费用

财务费用虽然处于"拔毛"阶段，但有时"拔完毛"却可能产生反向结果。虽然财务费用也是费用，但有的企业由于银行账户中的闲置资金较多，每季度的利息收入可能会大于"手续费"，造成"财务费用"贷方发生数。

举个例子

小明商贸公司在二季度收到银行利息3 000元，同时本月发生网银转账手续费400元。

收到银行利息：

借：银行存款 3 000

　　贷：财务费用——利息收入 3 000

支付银行手续费：

借：财务费用——手续费 400

　　贷：银行存款 400

期末结转之前，财务费用一级科目下贷方会有2600元，其实是借方的-2 600元。这样一来结转本年利润的时候：

借：财务费用——利息收入 3 000

　　贷：财务费用——手续费 400

| 本年利润 | | 2 600 |

本年利润在贷方，表示利润的增加。虽说财务费用是费用，但并没有使得利润减少。

8.3　正确理解收益

通过利润表（表8-5），在计算营业利润之前，还需要加上四个收益，即其他收益、公允价值变动收益、投资收益、资产处置收益。利润表中虽然这样列示，但是对应的会计科目略有不同。

利润表列示中，其他收益与投资收益和总账会计科目叫法一致。

但是公允价值收益对应的总账科目为"公允价值损益"，而利润表中资产处置收益对应的总账会计科目为"资产处置损益"。

表 8-5　利润表

会企 02 表
单位：元

编制单位：　　　　　　　　　　　___年___月

项目	本期金额	上期金额
一、营业收入		
减：营业成本		
税金及附加		
销售费用		
管理费用		
研发费用		
财务费用		
资产减值损失		
加：其他收益		
投资收益（损失以"-"号填列）		
公允价值变动收益（损失以"-"号填列）		
资产处置收益（损失以"-"号填列）		
二、营业利润（亏损以"-"号填列）		
加：营业外收入		
减：营业外支出		
三、利润总额（亏损总额以"-"号填列）		
减：所得税费用		
四、净利润（净亏损以"-"号填列）		

& 其他收益 &

2017 年 5 月 10 日，财政部修订发布《企业会计准则第 16 号——政府补助》，自 2017 年 6 月 12 日起施行。在此次修订后才有了"其他收益"这个会计科目。

在计算营业利润的时候，需要将"其他收益"加上。该科目专门用于核算与企业日常活动相关但不宜确认收入或冲减成本费用的政府补助。期末和其他损益类科目一样，结转至"本年利润"。

& 投资收益 &

围绕着与投资相关发生的损益计入"投资收益"。长期股权投资、债权投资和其他债权投资等都会通过该科目进行结转。当然，投资收益很可能是负数，失败的投资也很常见。

& 公允价值变动收益 &

我们在之前的章节中讲过公允价值计量，比如公司购买的股票，如果计入"交易性金融资产"，就需要按照公允价值计量。出现的价格波动则需要通过公允价值变动损益反映。当然，会计科目叫"公允价值变动损益"，而利润表中列示的名称则是"公允价值变动收益"。一个是损益，一个是收益，可以看出利润表的列示更为乐观。

& 资产处置收益 &

"资产处置损益"是损益类科目，用来核算固定资产、无形资产等因出售、转让等原因产生的处置收益或损失，进而影响营业利润。

会计科目叫"损益"，利润表列示则为"收益"，这个和公允价值列示类似，再一次说明利润表的列示趋向。

但会计做账的时候需要区分，如果是非正常情况造成资产毁损，处置的时候需要通过营业外收入或营业外支出结转。我们在固定资产和无形资产处置的相关章节中已提到这一点。

8.4 要想看到营业利润还需要去掉"零碎"

我们用一些通俗的话来继续理解利润。

通过业务获得收入 - 为获得该收入而付出的成本 = 毛利 　　　　　　　　（1）

毛利 - 零碎 - "三毛" + 四类收益 = 营业利润 　　　　　　　　　　　　（2）

营业利润 + （-）不测风云 = 利润总额 　　　　　　　　　　　　　　　（3）

利润总额 - 所得税费用 = 净利润 　　　　　　　　　　　　　　　　　　（4）

通过这些可以了解获得净利润是比较难的。

式（2）中，我们注意到，从毛利到营业利润有很多个抵减或增加项目，上一节我们提及的"三毛",即期间费用,但此外还有"零碎"。

零碎并不是多么复杂的内容,通过利润表中可以看到一个"税金及附加"的列示,会计科目上也有对应。该科目同样是损益类科目,期末通过"本年利润"了结,完成其使命,期末无余额。

& 税金及附加 &

这个会计科目是"小费小税"的归集地。哪些是"小费小税"呢?

企业经营活动发生的消费税、城市维护建设税、资源税、教育费附加及房产税、土地使用税、车船使用税、印花税以及"四小税"(房产税、土地使用税、车船税、印花税)。

这些税种费用发生时,都需要在期末转入"税金及附加"科目。

比如小明商贸公司本月签订的合同中,印花税需要计提 1 000 元:

借:税金及附加 1 000

　　贷:应交税费——印花税 1 000

缴纳印花税时:

借:应交税费——印花税 1 000

　　贷:银行存款 1 000

期末结转税金及附加至"本年利润",进行算总账。

借:本年利润 1 000

　　贷:税金及附加 1 000

以前有种习惯,将企业所得税和增值税叫做主税,因为这两种税基本每个企业都会涉及。它们也是原国税税种中重要的两个税,自然不属于"小税小费"放入"税金及附加"中。增值税的核算根据一般纳税人和小规模纳税人的不同而有很大区别。而企业所得税的核算则通过"所得税费用"核算,最终抵减公司"利润总额",计算出"净利润"。

在利润表中"税金及附加"并不显眼,但是它是于毛利(营业收入-营业成本)之后第一个需要的抵减项。

我们需要将利润表中的勾稽关系深深印在大脑中,这样才可以对收入、成本、费用、税金、收益、减资等项目有深刻理解。

& 研发费用 &

研发费用在会计科目中并没有这个科目,而是 2018 年修订的财务报表格式中,在利润表中新增的一个列示项目。它是根据会计科目中"研发支出"里的费用化支出填列的。三种费用中并没有研发费用。其实，这是会计科目与利润表报表列示存在差异所致。

2018 年以前，财务报表并没有"研发费用"，其本身是"管理费用——研发支出费用化"。报表列示也是将其放入"管理费用"。但国家对高科技企业扶持力度逐年加大，科技研发类公司越来越多，"研发费用"的发生额非常重要和关键，因而单独列示。比如某科技公司当月管理费用有 20 万费用化的"研发支出"，那么在进行报表填列的时候，管理费用这一栏不应包括这 20 万，而是单独提出来放置在利润表"研发费用"这一栏中。

& 资产减值损失 &

该项目我们在讲解固定资产的时候重点提过。资产的减值会造成公司利润减少，但是其成因较为特殊，所以不能归入成本或者某项费用中。

8.5　营业外事项的账务处理

做企业的，难以预料会发生什么"意外"。作为会计，如何对待意外的发生呢？

正常情况是，公司业务计入"主营业务收入""主营业务成本""其他业务收入""其他业务成本"。但是遇到意外情况时，需要计入"营业外收入""营业外成本"。会计就是这样严谨。

是否正常，查看科目即可知晓。

什么叫不正常？比如：大雨导致公司房屋漏水，电脑被水浸泡毁损。公司汽车被其他车辆追尾，车辆彻底报废；小偷把公司保险柜里的钱偷走；报税出现问题，让税务局处罚并且缴纳滞纳金等。除上述情况外，还包括公司对外捐款等情况，均属于"营业外支出"。

当然，公司不可能总是晦气缠身，比如收到意外捐款，或者盘点时库存现金突然多了 100 万元，这些就算"营业外收入"了。

想做财务工作，有一句话必须区分：会计中的收入并不包括"营业外收入"。虽然营业外收入也会造成公司资产的增加，但这和利润表中列示的"营业收入"没有任何关系。"营业外支出"同样如此。虽然称为"支出"，但与会计概念中的成本、费用不同。

& 营业外收入 &

营业外收入主要包括：

（1）非流动资产处置利得

这里的处置是指非正常情况下的处置。比如刚才提到的"意外"。如果电脑是正常情况下淘汰的，那就与营业外收入或者营业外支出无关。

处置的非流动资产包括有形的固定资产以及无形资产。

举个例子

盛发公司有一辆汽车自燃起火，造成该车辆彻底报废。该辆汽车已使用10年，报废毁损的时候已经提足折旧，原值为10.5万元，预计净残值为5 000元。报废后变卖获得6 000元残值回收款。实际报废收入比预计净残值5 000元多出1 000元。

转入报废处理：

借：累计折旧	100 000	
固定资产清理	5 000	
贷：固定资产		105 000

变卖后获得6 000元残值回收款

借：银行存款	6 000	
贷：固定资产清理		6 000

计算处置后利得

借：固定资产清理	1 000	
贷：营业外收入——非流动资产报废		1 000

（2）非货币性资产交换利得（与关联方交易除外）

指在非货币性资产交换中，换出资产为固定资产、无形资产的，换入资产公允价值大于换出资产账面价值的差额，扣除相关费用后计入营业外收入的金额。

（3）债务重组利得

指重组债务的账面价值超过清偿债务的现金、非现金资产的公允价值、所转股份的公允价值或者重组后债务账面价值间的差额。

（4）盘盈利得

指企业对现金等资产清查盘点中盘盈的资产、报经批准后计入营业外收入的金额。

举个例子

公司对库存进行盘点，发现库存商品件数多了30件，每件按照市场价值为100元。对于盘盈的存货，账务处理如下：

借：库存商品   3 000

    贷：待处理财产损益   3 000

将盘盈库存转入营业外收入

借：待处理财产损益   3 000

    贷：营业外收入——盘盈利得   3 000

（5）因债权人原因确实无法支付的应付款项

它主要是指因债权人单位变更登记或撤销等而无法支付的应付款项等。

举个例子

盛发公司账上挂了一笔其他应付款为 0.8 元，当时形成原因为某客户汇货款的时候，多打了 0.8 元，但经过告知，对方明确表示 0.8 元不需要转回，盛发公司财务做账如下：

借：其他应付款   0.8

    贷：营业外收入   0.8

& 营业外支出 &

营业外支出和营业外收入是一个类型，都属于"营业外"发生的非正常经营情况，纯属意外。既然是营业外的事项，所以对营业利润不构成影响，而是影响公司利润总额。

利润总额 = 营业利润 + 营业外收入 - 营业外支出

具体营业外支出包括：

① 非货币性资产交换损失；

② 债务重组损失；

③ 公益性捐赠支出；

④ 非常损失；

⑤ 盘亏损失；

⑥ 因违反法律、行政法规而交纳的罚款、滞纳金。

举个例子

小明商贸公司在 15 日由于公司网络出现故障，未能及时申报纳税，导致被税务局处罚，罚款 200 元。

账务处理如下：

借：营业外支出   200

  贷：银行存款   200

小明作为老板一心投入慈善事业。他以公司的名义向中国红十字会总会捐款 1 万元，以此回报社会。

借：营业外支出   10 000

  贷：银行存款   10 000

8.6   想知道净利润先过所得税费用这关

前面讲到固定资产折旧的时候，简单谈到了税会差异。造成差异的原因是由于各自出发点和口径不同。会计准则是由财政部制定并颁布的，而税法以及相关法规是由税务总局对外发布。我们会计做账、编制报表的时候，遵循《企业会计准则》或《小企业会计准则》，准确及时地反映财务数据。比如计提坏账准备时，我们遵循《企业会计准则》应该这样去做。但是在计算企业所得税应纳税所得额的时候，公司自行计提的坏账准备税务部门并不认可。所以在计算企业所得税的时候，计入"资产减值损失"的部分需要重新累计到"应纳税所得额"中，以调整利润总额。

比如，小明商贸公司 2019 年利润总额为 100 万元，2019 年有一笔应收账款 10 万元，由于该债务人暂时失联，小明商贸公司对该笔应收账款全额计提坏账准备 10 万元，假定小明商贸公司期初坏账准备为零。账务处理如下：

借：信用减值损失   100 000

  贷：坏账准备   100 000

通过本书中关于"本年利润"科目的讲解，以及利润的结转过程，我们应当清楚，"资产减值损失" 10 万元期末会通过"本年利润"结转，影响当期利润总额。

借：本年利润   100 000

  贷：资产减值损失   100 000

我们再细化一些，比如小明商贸营业收入为 220 万元，营业成本 100 万元，管理费用 10 万元，资产减值损失 10 万元，其他影响利润总额的科目发生额均为 0。

那么小明商贸的利润总额 =220-100-10-10=100 万元。

小明商贸的利润总额中已经减去了 10 万元的"资产减值损失"。但是根据企业所得税税法税务部门并不认可企业自行减少的 10 万元利润，在没有确切证据证明应收款项无法收回的情况下，这 10 万元所谓的"损失"需要剔除，进而增加企业利润。所以在计算所得税的时候，应纳税所得额为 100+10=110 万元。

应交企业所得税为 110 万元 × 25% =27.5 万元。

其中的 2.5 万元如果按照会计准则核算，本不应该交税，但现在按照税法要求需要缴税。

事已至此，其实并没有完。2019 年度多缴纳的这 2.5 万元所得税，其实是一项资产，未来确认损失的时候是可以抵扣所得税的。因为如果公司有确凿证据表明应收账款存在损失，税法是允许税前扣除的。因此，2020 年小明商贸公司如果确实能够提供证据证明该应收账款无法收回，那么之前多缴纳的 2.5 万元企业所得税是可以作为资产，抵减当期企业所得税费用的。

这种差异是暂时性的差异。

我们再举个例子，公司从二级市场购入股票，指定为交易性金融资产，成本是 50 万元。2019 年 12 月最后一个交易日，该股票市值为 45 万元，账务处理如下：

借：公允价值变动损益   50 000

    贷：交易性金融资产——公允价值变动   50 000

如果公司利润总额依然为 100 万元，那么 100 万元是会计利润，但税法不认可这个公允价值，因为并没有对公司实际收入或支出造成影响。税法一般是以收付实现制为准，所以 100 万元利润中包括了 5 万元股价变动带来的损失。

该公允价值账面价值虽然是 45 万元，但计税基础依然是 50 万元，因此形成了 5 万元未来可以抵扣的暂时性差异。然而，在 2019 年计税时，需要将 5 万元炒股的损失剔除，调增当年利润总额，即 100+5=105 万元，应纳税所得额为 105 万元，应交所得税为 26.25 万元。

这多交的 1.25 万元企业所得税也是未来可以抵扣而现在需要缴纳的，如同一项资产，形成了递延所得税资产。这项暂时性差异会在公司处置该交易性金融资产时消失。届时，按照真正的收付实现制标准确认"投资收益"，进而影响利润总额并缴纳所得税。而前期缴纳的递延所得税资产或者是递延所得税负债都可以再转回。

当然，上述举的两个例子说明了一种企业所得税与会计处理上的暂时性差异，也意味着未来可以冲回或抵减。但也有一种情况是永久性差异。比如行政性处罚，这类税会差异就是永久性的，罚款就是罚款，未来不可能达到统一。

比如小明商贸公司 2019 年有一个月存在未申报记录，税务局处罚 200 元。假如企业当年利润总额为 100 万元，那么在计算应纳税所得额的时候，这 200 元在应纳税所得额计算中并不能抵扣，需要调增利润，即 100.02 万元为应纳税所得额，去计算所得税差异。形成的 200 元 × 25%=50 元的所得税为永久性差异，未来既不可以抵扣，也不会冲回。

总结上述案例，我们可以知道，税会差异是非常普遍的存在。而在计算净利润的时候，所得税费用是必须要计算出来的，如图 8-1 所示。

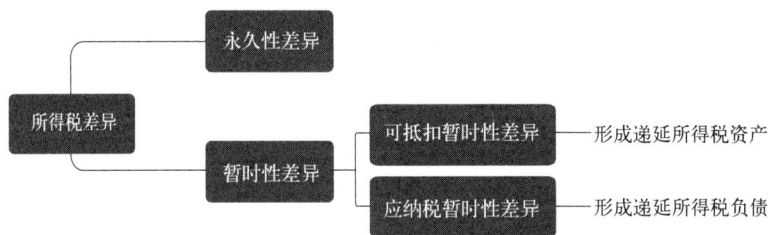

图 8-1 形成所得税差异的分类

注意：可抵扣暂时性差异是指未来可以抵扣所得税，但当前不能抵扣而形成的暂时性差异，所以会形成递延所得税资产。

应纳税暂时性差异，是指未来应缴纳企业所得税，但当前不需要缴纳的暂时性差异，所以形成了递延所得税负债。

理解暂时性差异时，只需在前面加上"未来"两个字。

那么在什么情况下会形成暂时性差异呢？这需要查看资产负债账面价值与计税基础是否存在差异。

暂时性差异，是指资产或负债的账面价值与其计税基础之间的差额；未作为资产和负债确认的项目，按照税法规定可以确定其计税基础的，该计税基础与其账面价值之间的差额也属于暂时性差异。

应纳税暂时性差异，是指在确定未来收回资产或清偿负债期间的应纳税所得额时，将导致产生应税金额的暂时性差异。

可抵扣暂时性差异，是指在确定未来收回资产或清偿负债期间的应纳税所得额时，将导致产生可抵扣金额的暂时性差异。

所得税费用由当期所得税和递延所得税两部分构成。

（1）当期所得税的计算

当期所得税就是当期应交所得税。

应交所得税＝应纳税所得额 × 所得税税率

应纳税所得额的计算公式有不同的表述方法：

第一种：

应纳税所得额＝每一纳税年度的收入总额－不征税收入－免税收入－各项扣除－允许弥补的以前年度亏损

第二种：

应纳税所得额＝会计利润 ± 纳税调整额＝会计利润 ± 永久性差异纳税调整额 ± 暂时性差异纳税调整额＝会计利润＋纳税调整增加项目金额－纳税调整减少项目金额

对于会计而言，第二种方法较容易理解，因为它是从会计利润的角度进行的调整，而第一种方法则是从税务的角度来计算应纳税所得额。

（2）递延所得税的计算

递延所得税＝递延所得税负债增加额－递延所得税资产增加额＝（期末递延所得税负债－期初递延所得税负债）－（期末递延所得税资产－期初递延所得税资产）

（3）所得税费用的计算

所得税费用＝当期所得税＋递延所得税

其会计分录为：

借：递延所得税资产

　　所得税费用——当期所得税

　　所得税费用——递延所得税

　　贷：应交税费——应交所得税

　　　　递延所得税负债

举个例子

盛发公司 2021 年利润总额为 3 000 万元，期初递延所得税资产和递延所得税负债均为零。

2021 年盛发公司有关交易中，涉及所得税核算的事项如下：

① 2020 年，一项固定资产账务处理按照双倍余额递减法计提折旧，但是税法要求按照直线法计提折旧。2021 年期末，该固定资产按照双倍余额递减法折旧后，

账面价值为80万元，如果按照税法要求的直线法计提折旧，计税基础则为90万元。

② 盛发公司向关联公司捐款900万元，按照税法要求，该捐赠不允许税前扣除。

③ 2021年期末，交易性金融资产账面价值为100万元，实际上该交易性金融资产购入成本为70万元（计税价值），其中30万元为公允价值变动。

④ 公司收到市场监管部门罚款1万元。

⑤ 公司某项应收账款计提坏账准备30万元。该应收账款计提坏账前为100万元。

项目	账面价值	计税基础	应纳税暂时性差异	可抵扣暂时性差异	
固定资产/万元	80	90	10		
交易性金融资产/万元	100	70	30		
应收账款/万元	70	100		30	
合计/万元	250	260	40	30	

应纳税所得额 =3 000-10（【暂时性差异】多提的折旧）-30（【暂时性差异】交易性金融资产公允价值升值部分）+900（【永久性差异】不能抵扣的捐款）+1（【永久性差异】罚款）+30（【暂时性差异】计提坏账）=3 891万元

递延所得税资产 =30×25% =7.5万元

递延所得税负债 =40×25% =10万元

应交税费——企业所得税 =3891×25% =972.75万元

其会计分录（金额：万元）为：

借：递延所得税资产   7.5

  所得税费用——当期所得税   972.75

  所得税费用——递延所得税   2.5

 贷：递延所得税负债   10

  应交税费——企业所得税   972.75

答会计问（职场篇）

问：目前我所在的公司规模不大，现在负责的工作特别繁杂。除了一些会计记账工作之外，还负责社保以及一些行政工作。感觉这样非常忙碌，前段时间我准备离职，但公司老板找我谈话，说要给我涨薪，我是否应该离职呢？

答：在小公司工作，确实会遇到会计职责分工不明的情况。但这种情况需要从不同的角度来看。一方面，从会计职业发展的角度，过于繁杂的工作内容可能不利于专业技能的提升。但从另一方面而言，做一些社保和行政工作并非毫无意义。

首先，社保工作和会计中的职工薪酬密切相关。为职工缴纳社保、增员减员等工作，可以拓展我们的认知，让"应付职工薪酬"这一会计科目中的枯燥数字变得更有实际意义。

此外，行政工作更侧重管理，而会计做账离不开业务，同时与管理紧密相连。参与一些行政工作对于提升自身管理意识会有所帮助。

当然上述理由并不是绝对的，长期做过多与会计无关的工作并不理想，应该适可而止。总的来说，如果老板提供了薪资上的提升，同时自己能够积累一些其他经验并拓宽视野，那么暂时接受这种多样化的工作也是可行的。

参考文献

［1］中华人民共和国财政部. 企业会计准则. 上海：立信会计出版社，2021.

［2］企业会计准则编审委员会. 企业会计准则原文、应用指南案例详解. 北京：人民邮电出版社，2021.

［3］王巍，贾娜. 企业会计基础. 上海：立信会计出版社，2018.